パターンで話せる 英会話「1秒」レッスン

清水 建二

成美文庫

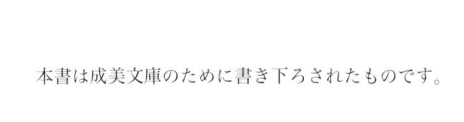

本書は成美文庫のために書き下ろされたものです。

はじめに

This is a pen.　Is this a pen?

　中学校で初めて手にした英語の教科書に載っていた、この２つの文をいまだに覚えています。目の前にあるペンを指して、「これはペンです」と相手に伝えたり「これはペンですか」と尋ねたりすることにいったい何の意味があるのだろうか、と疑問に感じ、以来、「学校の英語は役に立たない」という先入観を持って学校での英語の勉強に励んでいました。
　しかし、ちょっと矛盾するようですが、こうした中学校の教科書に載っているような簡単な英文を、**たったの「１秒」**で言えるようにすることが本書の目標です。

　たしかに長年英語に接してきた私ですら、中学で教わったThis is a pen. という英文を使う場面に遭遇したことは一度もありません。でも、中学校で習うような英語は、本当に英会話の上達には役に立たないのでしょうか。

　指導要領は大幅な改訂を重ね、以前に比べると、コミュ

ニケーション能力を高めるための工夫が教科書の随所に見られるようになりました。This is a pen.型の英文も、例えば、写真を見せながら、**This is our soccer team.**（これは私たちのサッカーチームです）と相手に説明したり、部屋に案内された状況で **Is this your room?**（これはあなたの部屋ですか）と言ったりすれば、十分に使える英語に変化することができるのです。要するに、今まで使えないと思われていた英語も、**状況を設定したり、英文の内容を工夫したりすることによって、「使える英語」に変貌する**のです。

しかし、悲しいかな、ゆとり教育の負の産物である極薄の教科書だけでは、不十分であると言わざるをえないのが現状です。せっかくすぐれた内容であっても、**反復練習を抜きにしてはその効果は激減**してしまいます。

本書では、中学校の教科書に出てくるような簡単な英語の中から、**日常会話必須の55の構文**を基本パターンとして取り上げ、それをさまざまな場面で応用できるように、たくさんの英文を掲載しました。

まず**「例文」**を読むことで、基本構文から派生するさまざまな応用パターンがわかり、文法の知識も無理なく身に

つきます。

　そして**「パターン練習」**。詳しくは14〜15ページで説明していますが、日本語を見てから英語が**1秒**以内に思い浮かぶようになることを目標に、同じ型の英文を何度も何度も練習します。こうすることで、体にしみこませるように英会話を覚えていくのです。

　外国語学習にとって大切なのは、これをやれば必ずモノにすることができる、という確信を持って取り組める教材があることだと思います。「こんなのやっても効果あるのかな？」という気持ちで取り組んでも何の効果も期待できません。「学問に王道なし（There is no royal road to learning.）」と言いますが、**「英会話に王道あり」**です。みなさんにとって、本書が王道になることを願っています。

　　　　　　　　　　　　　　　　　　清水建二

― CONTENTS ―

はじめに ……………………………………………………………… 3
本書の使い方 ………………………………………………………… 12
本書の効用 …………………………………………………………… 16

英語を話す感覚をつかむ 1〜20

1 これは私のコンピュータです ……………………………… 20
- パターン練習❶ This … is too 〜．（この…は〜すぎる） …… 22
- パターン練習❷ This is my 〜．（こちらは私の〜です） …… 24

2 あれは図書館です …………………………………………… 26
- パターン練習 That's 〜．（それは〜ですね） …………… 28

3 これはあなたのコンピュータですか ……………………… 30
- パターン練習❶ Is this your 〜？（これはあなたの〜ですか） …… 32
- パターン練習❷ Isn't this … too 〜？（この…、〜すぎない？） …… 34

4 こちらは私の生徒たちです ………………………………… 36
- パターン練習 These are my 〜．（これら［これ］は私の〜です） …… 38

5 私は学生です ………………………………………………… 40
- パターン練習❶ She is a(n) 〜．（彼女は〜です） ……… 42
- パターン練習❷ He is 〜．（彼は〜です） ………………… 44
- パターン練習❸ My father was a(n) 〜．（父は〜でした） …… 46
- パターン練習❹ My mother was a(n) 〜．（母は〜でした） …… 46

6 あなたは学生ですか ………………………………………… 48
- パターン練習❶ Are you 〜？（［あなたは］〜ですか） …… 50
- パターン練習❷ Aren't you 〜？（［あなたは］〜じゃないの？） …… 50

7 いつも7時に起きます ……………………………………… 52
- パターン練習 I usually 〜．（［私は］いつも〜します） …… 54

8 彼女はピアノが上手です …………………………………… 56
- パターン練習 He usually 〜．（彼はいつも〜します） …… 58

9 イタリア料理は好きですか ………………………………… 60
- パターン練習❶ Do you 〜？（［あなたは］〜しますか） …… 62

	パターン練習❷ I don't ～．（[私は] ～しません）······ 62
10	今日は歩いて学校へ行きました ······ 64
	パターン練習❶ I ～（動詞の過去形）．（[私は] ～した）······ 66
	パターン練習❷ Did you ～?（[あなたは] ～しましたか）······ 68
11	父は車を洗っています ······ 70
	パターン練習❶ They are ～ ing.（彼らは～している）······ 72
	パターン練習❷ I'm ～ ing.（[私は] ～している）······ 72
12	7時です ······ 74
	パターン練習 It's ～．（～時です）······ 76
13	今日は晴れです ······ 78
	パターン練習 It's ～ today.（今日は～です）······ 80
14	留学するつもりです ······ 82
	パターン練習 I'm going to ～ next week.（来週～する予定 [つもり] です）······ 84
15	映画を観に行きます ······ 86
	パターン練習❶ I'll ～．（[私は] ～します）······ 88
	パターン練習❷ Will you ～?（～してくれますか）······ 90
16	彼はドイツ語を話せます ······ 92
	パターン練習❶ Can I ～?（～してもいいですか）······ 94
	パターン練習❷ Could I ～?（～してもよろしいですか）······ 94
	パターン練習❸ Can you ～?（～してくれますか）······ 96
	パターン練習❹ Could you ～?（～していただけますか）······ 96
17	ダイエットをしなくては ······ 98
	パターン練習❶ He must be ～．（彼は～に違いない）······ 100
	パターン練習❷ She must be ～．（彼女は～に違いない）······ 100
18	試験勉強しなければいけません ······ 102
	パターン練習❶ I have to ～ every day.（[私は] 毎日～しなくてはいけません）······ 104
	パターン練習❷ You have to ～．（[あなたは] ～しなくてはいけません）······ 104

19 パーティーに遅刻するかもしれません ································ *106*
 パターン練習❶ **He may be ~ ing.**（彼は~しているかもしれない）···· *108*
 パターン練習❷ **May I ~ ?**（~してもよろしいですか）············ *108*

20 今行くべきです ·· *110*
 パターン練習❶ **You should ~ .**（~しましょう）··················· *112*
 パターン練習❷ **You shouldn't ~ .**（~するのはやめましょう）··· *112*

英会話力をぐんぐん伸ばす 21〜40

21 パスポートをなくしてしまいました ································ *116*
 パターン練習❶ **Have you ~ ?**（もう~しましたか）············· *118*
 パターン練習❷ **I've been to ~ .**（~に行ってきました）········ *120*

22 沖縄に行ったことがありますか ····································· *122*
 パターン練習 **Have you ever ~ ?**（~したことがありますか）··· *124*

23 彼女とは10年来の知り合いです ····································· *126*
 パターン練習❶ **He's been ~ ing for … .**（彼は…の間、~している）
 ·· *128*
 パターン練習❷ **She's been ~ ing since … .**（彼女は…から~している）
 ·· *128*

24 コンサートはいつですか ··· *130*
 パターン練習 **What time do you usually ~ ?**（いつも何時に~しますか）
 ·· *132*

25 郵便局はどこですか ·· *134*
 パターン練習 **The cat is ~ .**（猫は~にいます）················· *136*

26 どこに行くのですか ·· *138*
 パターン練習 **Where did you ~ ?**（どこで~しましたか）······· *140*

27 あの男性は誰ですか ·· *142*
 パターン練習 **Who is ~ ing?**（~しているのは誰ですか）······· *144*

28 あなたの傘はどっちですか ·· *146*

パターン練習❶ **Which do you prefer, A or B?**（AとBのどっちがいいですか） ... *148*

パターン練習❷ **Whose ～ is this?**（これは誰の～ですか） ... *150*

パターン練習❸ **Whose ～ are these?**（これは誰の～ですか） ... *150*

29 これは何ですか ... *152*

パターン練習 **What's the capital of ～?**（～の首都はどこですか） ... *154*

30 大学では何を勉強しましたか ... *156*

パターン練習 **What kind of ～ do you like?**（どんな～が好きですか） ... *158*

31 なぜそんなに怒っているの ... *160*

パターン練習 **Why don't you ～?**（～したら？） ... *162*

32 お元気ですか ... *164*

パターン練習❶ **How did you spend ～?**（～はどのように過ごしましたか） ... *166*

パターン練習❷ **How do you like ～?**（～はいかがですか） ... *166*

33 東京の大きさはどれくらいですか ... *168*

パターン練習❶ **How often ～?**（～は何回くらいしますか） ... *170*

パターン練習❷ **How much ～?**（どれくらい［いくら］～ですか） ... *172*

パターン練習❸ **How many ～?**（何台［何人、何冊、何度］～ですか） ... *172*

34 あなたはどうですか ... *174*

パターン練習 **How about ～ing?**（～するのはどう？） ... *176*

35 最寄りの駅がどこにあるかわかりますか ... *178*

パターン練習❶ **Do you know where the ～ is?**（～がどこにあるかわかりますか） ... *180*

パターン練習❷ **Can you tell me where the ～ is?**（～がどこにあるか教えてください） ... *180*

36 話を聞きなさい ... *182*

パターン練習 動詞の原形．（～して） ... *184*

37 心配しないで ... *186*

パターン練習 **Don't be ～ .**（～しないで） ... *188*

38 行きましょう ... *190*

| パターン練習 Let's ~ .（~しよう） | 192 |

39 いい天気ですね ... 194
- パターン練習❶ It's ~ , isn't it?（~ですね） ... 196
- パターン練習❷ You are ~ , aren't you?（[あなたは] ~ですよね） 196

40 タバコ吸わないよね ... 198
- パターン練習❶ You don't ~ , do you?（[あなたは] ~しませんよね） 200
- パターン練習❷ He doesn't ~ , does he?（彼は~しませんよね） ... 200

表現の幅をもっと広げる 41~55

41 空はなんてきれいなんでしょう ... 204
- パターン練習 How ~ … is/are!（…はなんて~なの） ... 206

42 なんて寒い日なんでしょう ... 208
- パターン練習 What a ~ !（なんて~なの） ... 210

43 スパゲティーが食べたい ... 212
- パターン練習❶ I want to eat ~ for lunch.（お昼は~が食べたい） ... 214
- パターン練習❷ I'd like to eat ~ for dinner.（夕食に~が食べたいです）... 214

44 彼はお酒を飲むのが好きです ... 216
- パターン練習❶ I hate ~ ing.（~するのは嫌です） ... 218
- パターン練習❷ I'm thinking of ~ ing.（~しようかなと思っています） 220

45 この近くに銀行があります ... 222
- パターン練習 Are there any ~ near here?（この近くに~はありますか） ... 224

46 あなたのレポートには間違いがない ... 226
- パターン練習❶ There is no ~ ….（…には~が全然ない） ... 228
- パターン練習❷ There are no ~ ….（…には~が全然ない） ... 228

47 ベンチに座っている少年を見て ... 230
- パターン練習❶ Look at the cat ~ ing.（~している猫を見て）... 232
- パターン練習❷ The man ~ ing is my father.（~している男性は父です） 232
- パターン練習❸ What is the language spoken in ~ ?（~で話されて

いる言葉は何ですか）·········· *234*

 パターン練習❹ **This is a ~ made in ….**（これは…製の~です）···· *234*

48 車の運転の仕方が分からない ·········· *236*

 パターン練習❶ **I don't know how to ~ .**（~の仕方がわからない）···· *238*

 パターン練習❷ **Tell me how to get to ~ .**（~への行き方を教えて）···· *238*

49 田舎をドライブするのは楽しいです ·········· *240*

 パターン練習❶ **It's fun to ~ .**（~するのは楽しい）·········· *242*

 パターン練習❷ **It's not good to ~ .**（~するのはよくない）···· *242*

50 そのネクタイはあなたに似合っています ·········· *244*

 パターン練習❶ **You look ~ .**（~のようですね）·········· *246*

 パターン練習❷ **That ~ looks good on you.**（その~お似合いですね）···· *246*

51 昨日川へ泳ぎに行きました ·········· *248*

 パターン練習 **Let's go ~ ing.**（~［をし］に行こう）·········· *250*

52 冷蔵庫からチーズを持ってきてください ·········· *252*

 パターン練習❶ **Please pass me the ~ .**（~をとってください）···· *254*

 パターン練習❷ **Bring me some ~ from the fridge.**（冷蔵庫から~を持ってきて）·········· *254*

53 彼はいい人だと思います ·········· *256*

 パターン練習 **I think it will be ~ tomorrow.**（明日［の天気や気温］は~だと思います）·········· *258*

54 彼はきっと来るでしょう ·········· *260*

 パターン練習❶ **I'm afraid ~ .**（~なのではないか）·········· *262*

 パターン練習❷ **I'm sure he will ~ .**（きっと彼は~でしょう）···· *262*

55 もし明日雨なら家にいます ·········· *264*

 パターン練習❶ **You can ~ if you like.**（もしよかったら~してもいいですよ）·········· *266*

 パターン練習❷ **I wanted to be a ~ when I was a child.**（子どもの頃は~になりたかった）·········· *266*

不規則動詞活用表 ·········· *268*

●本書の使い方

1 まず**基本パターン**を確認

英会話の基本となる55文を厳選!

超簡単な英語なのに、実生活ですごく使える55の英文(=基本パターン)をそろえています。

文法事項を簡潔にまとめました

英会話を学ぶのに最低限必要な文法事項を、ここでおさえておきましょう。

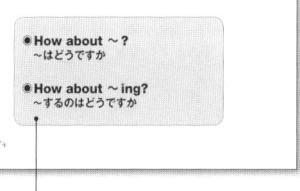

34

あなたはどうですか
How about you?

How are you doing?(調子はどうですか)と聞かれたら、I'm fine, thank you.(元気です)の後に、And you?またはHow about you?(あなたは?)と聞き返すのが礼儀です。How about ~?は、人にあることを提案したり、勧めたりする時にも非常に便利な表現です。How aboutの後に、名詞や動名詞(~ing)が続きますが、答える時は、Sure.(いいですよ)／That's a good idea.(それはいい考え)／That sounds great.(それはいいですね)などと答えましょう。How about ~?の代わりにWhat about ~?としてもOKです。

- **How about ~?**
  ~はどうですか
- **How about ~ ing?**
  ~するのはどうですか

学習する英文のパターンをチェック

この項目で学習する英文をパターン化してあります。確認しておきましょう。

本書の使い方

2 次に**例文**を読んでみる

基本文のアレンジから、ちょっと高度な応用文まで紹介

基本文ほぼそのままの初歩的なものから、知っておくと役に立つちょっと高度なものまで、さまざまな英文を取り上げています。

英会話力をぐんぐん伸ばす 21～40

例文をCheck! ☑

How about this one? ☐
これはどうですか。

How about some beer? ☐
ビールはいかがですか。

How about another cup of coffee? ☐
コーヒーをもう一杯いかがですか。

How about another piece of cake? ☐
ケーキをもう1ついかがですか。

How about French food? ☐
フランス料理はどうですか。

How about tomorrow? ☐
明日はどうですか。

How about this weekend? ☐
今週末はどうですか。

How about getting together at 2 o'clock? ☐
2時に会いませんか。

How about eating out this evening? ☐
今夜、外食しませんか。

How about going for a walk? ☐
散歩しませんか。

175

意味がつかめたら声に出して読む

「音読」で効果倍増。ひととおり確認したら、声に出してもう一度読んでみましょう。

13

3 「1秒」めざしてパターン練習

練習する英文のパターンを確認

覚えておけば必ず役に立つ、日常生活に頻出するパターンを厳選しています。

> **パターン練習** How about ～ ing?
>
> - テニスをするのはどう?
> - ボーリングに行くのはどう?
> - 買い物に行くのはどう?
> - 図書館に行くのはどう?
> - 喫茶店に行くのはどう?
> - 飲みに行くのはどう?
> - 食事に行くのはどう?
> - 寿司屋に行くのはどう?
> - カラオケに行くのはどう?
> - 映画に行くのはどう?

はじめは「英語（右ページ）→日本語（左ページ）」の順で意味をつかむ

パターン練習に入る前に、英文の意味をしっかりつかんでおきましょう。

本書の使い方

「1文1秒」を目標に
レッスン開始!

日本語を見てすぐに英語が出てくるようになるまで、何度も練習しましょう。「左ページの日本語を見る→英文を思い浮かべる→右ページで確認」を繰り返します。

英会話力をぐんぐん伸ばす 21〜40

〜するのはどう?

How about playing tennis?

How about going bowling?

How about going shopping?

How about going to the library?

How about going to a coffee shop?

How about going for a drink?

How about going out to dinner?

How about going to a sushi bar?

How about going to karaoke?

How about going to the movies?

177

音読ができたら完璧!

頭の中ですぐに英語が思い浮かぶようになったら、その復習として、今度はそれを口に出して言ってみるとよいでしょう。

15

●本書の効用

サッカー上達法との共通点

　外国語学習とスポーツの練習にはたくさんの共通点があります。

　例えば、サッカーの技術を高めるためには、基礎体力の向上はもちろんのこと、ドリブル、リフティング、トラッピング、ヘッディングなど、まずは**基本を正確に身につけ、毎日コツコツと練習を繰り返す**ことが不可欠です。

　毎日毎日練習を繰り返すことによって、体とボールが自然に一体化し、ボールを自由に操れるようになります。

　さらに、いつ味方にパスを出すとか、どこでパスを受け取るかなどのタイミングを覚えるには、**その時の状況で瞬時に判断する訓練**が必要となります。

　サッカーのこの練習方法こそが、まさに効率的な外国語学習に直結するのです。

英語が体から自然に出てくる

　本書は、最初の見開き2ページで基本となる英文パターンと文法事項を理解し、そして、10本の応用例文で幅を広めます。

　そして、次の見開き以降では、パターンに当てはめた英会話の練習をします。英文が瞬間反射的に出てくるまで何度も何度も練習をすることで、英語を話す感覚が自然と身についていくのです。

なお、本書は「1文1秒」を目標としていますが、ストップウォッチやメトロノームなどを用意して、厳密に計測する必要はありません。学習者本人が、**「瞬間的に英語が出てくるようになった」**という実感を味わうことができれば、その時点で目標は達成です。
　文法や単語などを「考えながら話す」英語から、「体から自然に出てくる」英語へ。
　本書を繰り返し練習することで、**英語を話すカンとスピード**をぜひ身につけていただきたいと思います。

英語を話す感覚をつかむ

1〜20

This is 〜. などの超基本的な英語から、様々な助動詞を使った文までを学習します。少しずつ英語を話すことに慣れていきましょう。

1

これは私のコンピュータです
This is my computer.

　目の前にあるものを説明する時や、手元にある物を相手に渡す時に使われる最も一般的な表現です。Thisの部分を強く発音すると、「他でもない、これが私のコンピュータです」、myの部分を強く発音すると、「これは他の誰のものでもない、私のコンピュータです」というように意味が変わってきます。This is 〜のあとに物が来れば「これは〜です」、人が来れば「こちらは〜です」、場所を表す語が来れば「ここは〜です」の意味になります。

　また、this book（この本）のように、直後に名詞を続ければ「この〜」という意味に変化します。

- **This is 〜.**
  これは〜です

- **This … is 〜.**
  この…は〜です

例文をCheck! ✓

This is my business card.
これは私の名刺です。

This is my e-mail address.
これは私のメルアドです。

This is my favorite song.
これは私の大好きな歌です。

This is my apartment.
ここが私のアパート（部屋）です。（※アパートの建物はapartment houseという）

This is my twin sister.
こちらは私の双子の姉妹です。

This is for you.
これはあなたにあげる物です。

This is good.
これはおいしいです。

This computer is mine.
このコンピュータは私のです。

This cake is too sweet.
このケーキは甘すぎます。

This cat is very cute.
この猫はとてもかわいい。

パターン練習 ① This ··· is too ~ .

この時計は高すぎる。

この問題は簡単すぎる。

この本は難しすぎる。

このカバンは重すぎる。

この小説は長すぎる。

この部屋は狭すぎる。

この車は古すぎる。

このスープは熱すぎる。

このパスタは油っこすぎる。

このコーヒーは薄すぎる。

この…は〜すぎる

This watch is too expensive.

This problem is too easy.

This book is too difficult.

This bag is too heavy.

This novel is too long.

This room is too small.

This car is too old.

This soup is too hot.

This pasta is too oily.

This coffee is too weak.

This is my ~ .

こちらは私の妻です。

こちらは私の父です。

こちらは私の母です。

こちらは私の息子です。

こちらは私の娘です。

こちらは私の姉です。

こちらは私の弟です。

こちらは私の祖父です。

こちらは私の孫娘です。

こちらは私の義父です。

こちらは私の〜です

This is my wife.

This is my father.

This is my mother.

This is my son.

This is my daughter.

This is my (older) sister.

This is my (younger) brother.

This is my grand-father.

This is my grand-daughter.

This is my father-in-law.

2

あれは図書館です
That is a library.

　自分から少し離れたところにある物や人を指して説明する時や、相手が言ったことを受けて「それは〜」と言う時に使うのが **that** です。**This is 〜.**（これは〜です）の時と同じように、〜の部分に物が来れば「あれは〜です」、人が来れば「あの人は〜です」、場所を表す語が来れば「あそこが〜です」の意味になります。That is 〜. は **That's 〜.** と短縮形で表すこともできます。

　また、**that book**（あの本）のように、直後に名詞を続ければ「あの〜」という意味になります。

- **That is 〜.**
  あれは〜です

- **That … is 〜.**
  あの…は〜です

例文を**Check!**

That is a church.
あれは教会です。

That is Mt. Fuji.
あれが富士山です。

That is my condo.
あれが私のマンションです。

That is my homeroom teacher.
あの人は私の担任の先生です。

That is my favorite restaurant.
あそこは私のお気に入りのレストランです。

That is my father's office.
あれは父の会社です。

That's the problem.
それが問題です。

That car is my father's.
あの車は父のです。

That lady is my boss.
あの女性は私の上司です。

That's all for today.
それで今日は終わりです。

That's 〜.

それは面白いですね。

それはおかしいですね。

それは変ですね。

それはいいですね。

それは信じられないですね。

それはありえないですね。

それは気の毒ですね。

それは驚きですね。

それはいい考えですね。

そんなものですね、人生とは。

それは～ですね

That's interesting.

That's funny.

That's strange.

That's great.

That's unbelievable.

That's impossible.

That's too bad.

That's surprising.

That's a good idea.

That's life.

3

これはあなたのコンピュータですか
Is this your computer?

be動詞（**is**、**am**、**are**）が使われた文を、「〜ですか」という疑問の形にしたい時はbe動詞を文頭に出し、最後に**?**（クエスチョンマーク）を付けるだけでOKです。例えば、This is your computer.の疑問文は、**Is this your computer?** で、答えが肯定なら、**Yes, it is.**、否定なら **No, it isn't.** です。否定文にしたい時は、be動詞の直後に**not**を入れればOKです。その際、isn'tと短縮形で表すことができます。また、疑問文と否定文が一緒になった **Isn't this your computer?**（これはあなたのコンピュータじゃないの？）のような形を否定疑問文と言います。

- **Is this/that 〜?**
  これは／あれは〜ですか

- **This/That isn't 〜.**
  これは／あれは〜ではありません

英語を話す感覚をつかむ **1〜20**

例文をCheck! ✓

Is this free?
これは無料ですか。

Is that your car?
あれはあなたの車ですか。

Is that the Prime Minister of Japan?
あちらは日本の首相ですか。

Is this digital camera yours?
このデジタルカメラはあなたのですか。

Is this your first visit to Japan?
日本は今回が初めてですか。

Is this train for Sendai?
この列車は仙台行きですか。

Is that your homeroom teacher?
あちらはあなたの担任の先生ですか。

Is this the right way to Tokyo Station?
これは東京駅に行く道ですか。

Isn't this suit cool?
このスーツ、格好よくないですか。

Isn't this cake delicious?
このケーキ、おいしくない?

パターン練習 ① Is this your ~ ?

これはあなたのハンカチですか。

これはあなたのケータイですか。

これはあなたの家ですか。

これはあなたの猫ですか。

これはあなたの自転車ですか。

これはあなたのオートバイですか。

これはあなたの辞書ですか。

これはあなたの傘ですか。

これはあなたの消しゴムですか。

これはあなたの電話番号ですか。

これはあなたの〜ですか

Is this your handkerchief?

Is this your cell phone?

Is this your house?

Is this your cat?

Is this your bike?

Is this your motor bike?

Is this your dictionary?

Is this your umbrella?

Is this your eraser?

Is this your phone number?

Isn't this … too ~ ?

このチョコレート、苦すぎない?

このカレー、辛すぎない?

このみそ汁、塩辛すぎない?

このケーキ、甘すぎない?

このコーヒー、濃すぎない?

このブドウ、酸っぱすぎない?

この肉、かたすぎない?

この麺、香辛料を使いすぎじゃない?

この食べ物、粘っこすぎない?

このアイスクリーム、冷たすぎない?

この…、~すぎない？

Isn't this chocolate too bitter?

Isn't this curry too hot?

Isn't this miso soup too salty?

Isn't this cake too sweet?

Isn't this coffee too strong?

Isn't this grape too sour?

Isn't this meat too tough?

Isn't this noodle dish too spicy?

Isn't this food too sticky?

Isn't this ice cream too cold?

4

こちらは私の生徒たちです
These are my students.

　目の前にあるものを説明する時や、手元にある物を相手に渡す時に、それが２つ（２人）以上の場合は、**These are ～ .**で表します。be動詞のisは主語が単数の時に使うもので、複数の場合は**are**を使います。That is ～ .（あれは～です）も同様に、**Those are ～ .**に変化します。

　be動詞（**are**）を文頭に出して、最後に **?**（クエスチョンマーク）を付ければ疑問文に、be動詞（**are**）の直後に**not**を置けば否定文になります。

　また、**these socks**（この靴下）のように、本来が複数形の名詞に付くtheseは「この…」と訳します。

- **These are ～ .**
  これらは～です

- **Those are ～ .**
  あれらは～です

例文をCheck!

These are his sons.
こちらは彼の息子さんたちです。

Those are my children.
あれは私の子どもたちです。

These cars are made in Japan.
これらの車は日本製です。

These socks are too dirty.
この靴下は汚すぎる。

These books are for children.
これらの本は子ども向けです。

Those magazines are not for adults.
それらの雑誌は大人向けのものではありません。

These pants aren't hers.
このズボンは彼女のではない。

Are those the students at your school?
あちらはあなたの学校の生徒さんたちですか。

Are these CDs brand-new?
これらのCDは新品ですか。

Are these shoes very expensive?
この靴は非常に高価なものですか。

パターン練習: These are my ~ .

これは私のお箸です。

これは私のめがねです。

これらは私の腕時計です。

これは私のイヤリングです。

これは私のはさみです。

これらは私のキーホルダーです。

これらは私のホチキスです。

これらは私の定規です。

これらは私の計算機です。

これらは私のシャープペンです。

これら（これ）は私の～です

These are my chopsticks.

These are my eyeglasses.

These are my watches.

These are my earrings.

These are my scissors.

These are my key chains.

These are my staplers.

These are my rulers.

These are my calculators.

These are my mechanical pencils.

5

私は学生です
I am a student.

　be動詞の**am**、**is**、**are**は、左右にある語（句）をイコールの形でつなぐ役割を果たします。つまり、I am a student.を例に挙げれば、「I（私）＝a student（学生）」から「私は学生です」の意味になります。be動詞**am**の主語になるのは**I**（私）のみで、主語が単数の場合は**is**を、複数の場合は**are**を用います。ただし、**you**（あなた）は単数でも例外的に**are**が続きます。amとisの過去形は**was**、areの過去形は**were**です。

- **I am 〜.**
  私は〜です
- **He/She is 〜.**
  彼／彼女は〜です
- **We are 〜.**
  私たちは〜です

例文を**Check!**

I am a morning person.
私は朝型の人間です。

You are a very good singer.
あなたは歌がとてもうまいです。

He is a lawyer.
彼は弁護士です。

She is allergic to pollen.
彼女は花粉アレルギーです。

We are good friends.
私たちは仲良しです。

My mother is busy in the kitchen.
母は台所で忙しいです。

My father is good at cooking.
父は料理が得意です。

John and Michael are American.
ジョンとマイケルはアメリカ人です。

Masako was absent from school today.
マサコは今日、学校を欠席しました。

They were off yesterday.
彼らは昨日休みでした。

パターン練習 ① She is a(n) ~ .

彼女は銀行員です。

彼女は警察官です。

彼女は消防士です。

彼女は保育士です。

彼女は小学校の教師です。

彼女はデパートの店員です。

彼女は高校の校長先生です。

彼女は主婦です。

彼女は美容師です。

彼女は英語の教師です。

彼女は〜です

She is a bank clerk.

She is a police officer.

She is a firefighter.

She is a nursery school teacher.

She is an elementary school teacher.

She is a salesclerk in the department store.

She is a principal at high school.

She is a homemaker.

She is a hairdresser.

She is an English teacher.

パターン練習 2 — He is ~ .

彼は賢い。

彼は親切です。

彼は勇気がある。

彼は大胆です。

彼は臆病です。

彼は陽気です。

彼はおしゃべりです。

彼は太ってます。

彼は気前がよいです。

彼はけちです。

彼は〜です

He is wise.

He is kind.

He is brave.

He is bold.

He is a coward.

He is cheerful.

He is talkative.

He is fat.

He is generous.

He is stingy.

パターン練習 ③ My father was a(n) ~ .

父は大工でした。

父はコックでした。

父は裁判官でした。

父はバスの運転士でした。

父は通訳でした。

パターン練習 ④ My mother was a(n) ~ .

母は客室乗務員でした。

母は看護師でした。

母は高校の教師でした。

母は秘書でした。

母はOLでした。

父は〜でした

My father was a carpenter.

My father was a chef.

My father was a judge.

My father was a bus driver.

My father was an interpreter.

母は〜でした

My mother was a flight attendant.

My mother was a nurse.

My mother was a high school teacher.

My mother was a secretary.

My mother was an office worker.

6

あなたは学生ですか
Are you a student?

　be動詞（**is**、**am**、**are**）が使われた文を「〜ですか」という疑問の形にしたい時は、be動詞を文頭に出し、最後に**?**（クエスチョンマーク）を付けるだけでしたね。否定文にしたい時も、be動詞の直後に**not**を続ければOKです（30ページ参照）。その際、is notは**isn't**に、are notは**aren't**と短縮形で表すことができます。ただし、am notはamn'tとせずに、**I'm not**の形で表すので注意してください。また、Are you a student?の代わりに、**Aren't you a student?** とすれば、「あなたは学生じゃないの？」という否定疑問文になります。

- **Are you 〜?**
  あなたは〜ですか

- **I'm not 〜.**
  私は〜ではありません

例文をCheck!

I'm not a fan of the Giants.
私はジャイアンツのファンではありません。

I'm not a night person.
私は夜型人間ではありません。

She is not good at singing.
彼女は歌が上手ではありません。

They are not Japanese.
彼らは日本人ではありません。

Are you from Hokkaido?
あなたは北海道の出身ですか。

Is he your boyfriend?
彼はあなたのカレシですか。

Are you a college student?
あなたは大学生ですか。

Is Alice there?
アリスはそこにいますか。

Is he married?
彼は結婚していますか。

Are they Hitoto Yo's fans?
彼らは一青窈のファンですか。

パターン練習 1　Are you ~ ?

本気ですか。

準備はいいですか。

大丈夫ですか。

幸せですか。

怖いのですか。

パターン練習 2　Aren't you ~ ?

お腹が空いてないの？

のどが渇いてないの？

眠くないの？

今晩ひまじゃないの？

疲れてないの？

（あなたは）〜ですか

Are you serious?

Are you ready?

Are you OK?

Are you happy?

Are you scared?

（あなたは）〜じゃないの？

Aren't you hungry?

Aren't you thirsty?

Aren't you sleepy?

Aren't you free this evening?

Aren't you tired?

7

いつも7時に起きます
I usually get up at 7.

　歩く (**walk**)、食べる (**eat**)、泳ぐ (**swim**)、雨が降る (**rain**) など、「〜する」とか「〜である」という動作や状態を表す動詞を「一般動詞」と呼びます。

　この一般動詞には、目的語を必要とするものとしないものがありますが、必要とするものを「他動詞」、必要としないものを「自動詞」と呼びます。「私はあなたを愛している」というように、日本語では「主語（私は）＋目的語（あなたを）＋動詞（愛している）」の語順を取りますが、英語では**I love you.**のように、「主語（**I**）＋動詞（**love**）＋目的語（**you**）」の語順になることに注意しましょう。

● **S（主語）＋自動詞**
　Sは〜します（です）

● **S（主語）＋他動詞＋O（目的語）**
　SはOを〜します

英語を話す感覚をつかむ **1～20**

例文をCheck! ✓

I know him well.
彼をよく知っています。

I take the bus to the school.
学校までバスに乗ります。

We watch a movie on TV.
私たちはテレビで映画を観ます。

We have two cats.
私たちは猫を2匹飼っています。

They play tennis after school.
彼らは放課後テニスをします。

I work for a bank in Tokyo.
東京の銀行に勤めています。

I study English every day.
毎日、英語を勉強します。

I live in Kyoto alone.
京都に一人で暮らしています。

They go to school on Saturday.
彼らは土曜日に学校へ行きます。

I have a diamond ring.
ダイヤの指輪を持っています。

パターン練習 I usually ~ .

いつも6時40分に目が覚めます。

いつも朝食前に犬を散歩に連れて行きます。

いつも朝食に牛乳を飲みます。

いつも7時30分にアパートを出ます。

いつも駅まで歩いて行きます。

いつも7時40分の東京行きの電車に乗ります。

いつも品川駅で降ります。

いつもコンビニに立ち寄ります。

いつも8時50分に出社します。

いつも9時に仕事を始めます。

（私は）いつも〜します

I usually wake up at 6:40 (six forty).

I usually walk my dog before breakfast.

I usually drink some milk for breakfast.

I usually leave my apartment at 7:30.

I usually walk to the station.

I usually take the 7:40 train for Tokyo.

I usually get off at Shinagawa Station.

I usually drop by a convenience store.

I usually get to the office at 8:50.

I usually begin to work at 9 o'clock.

8

彼女はピアノが上手です
She plays the piano well.

　一般動詞は、主語が3人称（私［I］とあなた［you］以外の人や物）で単数の場合は、動詞の最後にsやesを付けます。つまり、主語がI、you、we、they、その他複数形の名詞以外の場合は、すべて動詞にsやesを付けます。動詞の最後が**watch**、**wash**、**go**、**do**など、語尾がch、sh、oなどで終わっている動詞には**es**を、また、**study**のように最後が「子音＋y」の場合は**studies**のように、yをiに変えてから**es**を付けます。ただし、playのように、「母音＋y」の形で終わっている動詞には単にsを付けるだけです。また、動詞**have**は**has**になるので注意してください。

●**He/She ＋一般動詞(e)s**
彼／彼女は〜します（です）

例文をCheck!

Her mother knows me well.
彼女の母親は私をよく知っています。

Alice takes the train to the office.
アリスは電車に乗って会社に行きます。

His daughter watches a movie on TV.
彼の娘はテレビで映画を観ます。

She has a cat.
彼女はネコを飼っています。

My husband washes the dishes.
夫は皿を洗います。

His father works for a bank.
彼のお父さんは銀行に勤めています。

My mother studies French every day.
母は毎日フランス語を勉強します。

My son lives in Tokyo alone.
私の息子は一人で東京に住んでいます。

He goes to work on Saturday.
彼は土曜日に出勤します。

She has a diamond ring.
彼女はダイヤの指輪を持っています。

パターン練習: He usually ~ .

彼はいつも6時40分に目が覚めます。

彼はいつも朝食前に犬を散歩に連れて行きます。

彼はいつも朝食に牛乳を飲みます。

彼はいつも7時30分にアパートを出ます。

彼はいつも駅まで歩いて行きます。

彼はいつも7時40分の東京行きの電車に乗ります。

彼はいつも品川駅で降ります。

彼はいつもコンビニに立ち寄ります。

彼はいつも8時50分に出社します。

彼はいつも9時に仕事を始めます。

彼はいつも〜します

He usually wakes up at 6:40 (six forty).

He usually walks his dog before breakfast.

He usually drinks some milk for breakfast.

He usually leaves his apartment at 7:30.

He usually walks to the station.

He usually takes the 7:40 train for Tokyo.

He usually gets off at Shinagawa Station.

He usually drops by a convenience store.

He usually gets to the office at 8:50.

He usually begins to work at 9 o'clock.

9

イタリア料理は好きですか
Do you like Italian food?

　一般動詞を含む疑問文は文頭に**Do**を付け、最後に**?**を付ければOKです。否定文は主語と動詞の間に**don't**を入れます。ただし、主語が3人称で単数（彼[he]や彼女[she]など）の場合は、それぞれ**Does**と**doesn't**に変化します。

　また、Do you like Italian food?の代わりに、**Don't you like Italian food?**（イタリア料理は好きじゃないの？）とすれば否定疑問になりますが、「うん、好きじゃないの」なら**No, I don't.**、「いや、好きですよ」なら**Yes, I do.**となります。

- **Do/Does ＋ S ＋動詞の原形？**
  Sは〜しますか（ですか）

- **S ＋ don't/doesn't ＋動詞の原形**
  Sは〜しません（です）

例文をCheck!

Do you have hay fever?
花粉症ですか。

Yes, I do.
はい、そうです。

Do you have any plans for this weekend?
今週末の計画は何かありますか。

No. I have nothing special.
いいえ、特にありません。

Does your son play soccer after school?
あなたの息子は放課後サッカーをしますか。

Yes, he does.
はい、します。

Does she have a piano at home?
彼女は家にピアノがありますか。

No, she doesn't.
いいえ、ありません。

Don't you know him?
彼のこと知らないの?

Yes, I do.
いや、知っていますよ。

パターン練習 ① Do you ~ ?

歯を磨きますか。

シャワーを浴びますか。

猫にエサをあげますか。

布団をたたみますか。

天気予報を見ますか。

パターン練習 ② I don't ~ .

新聞を読みません。

学校の制服に着替えません。

ドアに鍵をかけません。

ゴミを出しません。

化粧をしません。

英語を話す感覚をつかむ 1～20

(あなたは) ～しますか

Do you brush your teeth?

Do you take a shower?

Do you feed the cat?

Do you fold up the futon?

Do you watch the weather forecast?

(私は) ～しません

I don't read newspapers.

I don't change into my school uniform.

I don't lock the door.

I don't take out the garbage.

I don't make up my face.

10
今日は歩いて学校へ行きました
I walked to school today.

　一般動詞の過去形の文です。現在形の時に一般動詞に付けた3人称単数のsは、ここでは関係ありません。動詞は、最後に **ed** や **d** を付けるだけの単純な変化をするものと、go（行く）-went、have（持つ）-hadのように不規則に変化するものがあります（268ページ参照）。疑問文は文頭に **Did** を置き、動詞は原形に戻します。否定文は主語と動詞の間に **didn't** を置き、動詞を原形に戻します。

- **S＋動詞の過去形**
  Sは～しました
- **S＋didn't＋動詞の原形**
  Sは～しませんでした
- **Did＋S＋動詞の原形？**
  Sは～しましたか（でしたか）

例文を**Check!**

I lived in London 10 years ago.
10年前ロンドンに住んでいました。

Ken studied English this morning.
ケンは今朝英語を勉強した。

We went to Tokyo Disneyland last Sunday.
私たちは先週の日曜日ディズニーランドに行きました。

I practiced the piano in the afternoon.
午後、ピアノの練習をした。

We visited our uncle yesterday.
私たちは昨日叔父さんを訪ねた。

I bought a Christmas present for her.
彼女にクリスマスプレゼントを買った。

I ate a cheeseburger for lunch.
昼食にチーズバーガーを食べた。

I didn't catch the first train.
始発電車に間に合わなかった。

He didn't remember my name.
彼は私の名前を思い出せなかった。

Did you go to Hitoto Yo's concert?
一青窈さんのコンサートに行きましたか。

パターン練習 ① I ~ (動詞の過去形).

目覚ましを7時30分に止めた。

寝坊をした。

8時に起きた。

朝食を抜いた。

今日の時間割を確認した。

急いで家を出た。

駅まで自転車で行った。

駐輪場に自転車をとめた。

いつもの電車に乗り遅れた。

9時に学校に着いた。

（私は）〜した

I turned off the alarm clock at 7:30.

I overslept.

I got up at 8 o'clock.

I skipped my breakfast.

I checked today's class schedule.

I left the house in a hurry.

I went to the station by bike.

I parked my bicycle in the bike shed.

I missed the usual train.

I arrived at school at 9 o'clock.

パターン練習 ❷ Did you ~ ?

楽しかったですか。

コンサートは楽しかったですか。

夕べはよく眠れましたか。

昨日はどこかに行きましたか。

さっき私に電話をしましたか。

彼女に連絡を取りましたか。

医者に診てもらいましたか。

給料をもらいましたか。

パスポートを持ってきましたか。

迷子になりましたか。

(あなたは) 〜しましたか

Did you have a good time?

Did you enjoy the concert?

Did you sleep well last night?

Did you go anywhere yesterday?

Did you call me a moment ago?

Did you get in touch with her?

Did you see a doctor?

Did you get pay?

Did you bring your passport?

Did you get lost?

11

父は車を洗っています
My father is washing the car.

　「be動詞（**is**、**am**、**are**）＋〜**ing**」の形を現在進行形と言い、「今〜している」状態を表します。be動詞を **was**（is、amの過去形）、**were**（areの過去形）に変えれば、過去進行形です。疑問文は **Is my father washing the car?**（父は車を洗っていますか）のように、be動詞を文頭に出し、否定文は **My father isn't washing the car.**（父は車を洗っていません）のように、be動詞の後に **not** を付ければOKです。また、現在進行形に、近い未来を表す副詞を添えると、「〜するつもりです」とか「〜することになっている」という意思や予定の意味になります。

> ● S＋be動詞＋動詞のing形
>   Sは〜しています
>
> ● S＋be動詞＋動詞のing形＋tomorrow
>   Sは明日〜することになっています

70

例文を Check!

I'm writing a letter to my friend in Canada.
カナダにいる友だちに手紙を書いています。

He is calling his friend in Osaka.
彼は大阪の友だちに電話をしています。

She is preparing dinner in the kitchen.
彼女は台所で夕食の準備をしています。

Is the dog sleeping in the dog house?
犬は犬小屋で眠っていますか。

Are the kids playing in the park?
子どもたちは公園で遊んでいますか。

I'm going to the library.
図書館に行くところです。

They are studying for the exams.
彼らは試験勉強をしています。

We are going on a picnic this weekend.
私たちは今週末にピクニックに行く予定です。

We are having a party tonight.
今夜私たちはパーティーをする予定です。

I'm watching a baseball game this evening.
今夜は野球の試合を観る予定です。

パターン練習 ① They are ～ ing.

彼らは花に水をあげている。

彼らは自転車に乗っている。

彼らはベンチに座っている。

彼らは鳩にエサをあげている。

彼らはバードウォッチングしている。

パターン練習 ② I'm ～ ing.

電話で話している。

犬の散歩をしている。

ラジオを聴いている。

ケータイでテレビを観ている。

ボートを漕いでいる。

彼らは〜している

They are watering the flowers.

They are riding a bike.

They are sitting on the bench.

They are feeding the pigeons.

They are doing bird-watching.

（私は）〜している

I'm talking on the phone.

I'm walking the dog.

I'm listening to the radio.

I'm watching TV on the cell phone.

I'm rowing a boat.

12

7時です
It's 7 o'clock.

What time is it?（何時ですか）と聞かれて、例えば「7時です」と答える場合は、**It's 7 o'clock.** と答えます。It's は It is の短縮形です。**o'clock** は **of the clock** の短縮形で、「7時ちょうど」の意味です。「何時ですか」の表現は他に、**What time do you have?** とか **Do you have the time?** などがありますが、答え方は同じです。「今日は日曜日です」なら **It's Sunday today.**（= **Today is Sunday.**）、「今日は11月19日です」なら **It's November 19th.** です。

● It's 〜（時間）．
 〜時です

英語を話す感覚をつかむ **1〜20**

例文をCheck! ✓

It's 4 o'clock.
4時です。

It's about 4.
4時頃です。

It's a little past 4.
4時ちょっと過ぎです。

It's 4 p.m.
午後の4時です。

It's 4:05.
4時5分です。（※4:05はfour o fiveなどと読む）

It's 4:30.
4時30分です。（※4:30はfour thirtyなどと読む）

It's 4:15.
4時15分です。（※4:15はfour fifteenなどと読む）

It's 4:45.
4時45分です。（※4:45はfour forty-fiveなどと読む）

It's 4:55.
4時55分です。（※4:55はfour fifty-fiveなどと読む）

It's 4:35.
4時35分です。（※4:35はfour thirty-fiveなどと読む）

パターン練習: It's ~ .

8時30分です。

7時15分です。

1時5分です。

10時50分です。

6時45分です。

3時25分です。

5時です。

5時頃です。

5時ちょっと過ぎです。

午前5時です。

～時です

It's 8:30 (eight thirty).

It's 7:15 (seven fifteen).

It's 1:05 (one o five).

It's 10:50 (ten fifty).

It's 6:45 (six forty-five).

It's 3:25 (three twenty-five).

It's 5 o'clock

It's about 5.

It's a little past 5.

It's 5 a.m.

13

今日は晴れです
It's fine today.

　天気、天候、寒暖、明暗などの状態は、時間と同じく It's ～. で表します。「今日は晴れです」なら It's fine today. です。疑問文は Is it fine today?（今日は晴れですか）、否定文は It isn't fine today.（今日は晴れていません）です。It is getting ～. とすれば、「(だんだん) ～してきている」という意味になります。

　また、It's your fault.（君のせいだよ）のように、漠然とした状況や事情を表す時にも It's ～. を使います。

● **It's ～（天気や寒暖を表す語）.**
　（天気や寒暖の状態は）～です

例文をCheck!

It's very cold outside.
外はとても寒いです。

It's sunny but cool.
晴れているけど涼しいです。

It's cold and damp.
寒くてじめじめしています。

It's very hot and muggy.
とても蒸し暑いです。

It was a little hot today.
今日はちょっと暑かった。

It's getting dark.
暗くなってきました。

It's getting warm.
暖かくなってきました。

It's your turn.
あなたの番です。

It's a small world.
世界は狭いです。

It isn't your fault.
あなたのせいじゃない。

パターン練習: It's ~ today.

今日は晴れです。

今日は雨です。

今日は曇りです。

今日は雪です。

今日は霧がかかっています。

今日は風が強いです。

今日は暴風雨です。

今日はもやがかかっています。

今日は凍るように寒いです。

今日は焼けつくような暑さです。

今日は〜です

It's sunny today.

It's rainy today.

It's cloudy today.

It's snowy today.

It's foggy today.

It's windy today.

It's stormy today.

It's hazy today.

It's freezing cold today.

It's scorching hot today.

14

留学するつもりです
I am going to study abroad.

　「be動詞＋going to ～（動詞の原形）」の文字通りの意味は、「～する方へ進んでいる」ですが、あらかじめ決められた意思や予定を表します。疑問文はbe動詞を文頭に出し、最後に**?**（クエスチョンマーク）を付け、否定文はbe動詞のあとに**not**を付ければOKです。また、空模様を見て「雨が降りそうだ」のように、周囲の状況から判断して、このままだと確実に「～するでしょう」という断定的な推量を表します。

> ● S＋be動詞＋ going to ＋動詞の原形
> Sは～するつもりです
> Sは～するでしょう

例文をCheck!

I'm going to be a doctor when I grow up.
大人になったら医者になるつもりです。

I'm going to propose marriage to her.
彼女にプロポーズするつもりです。

I'm going to work overtime today.
今日は残業をするつもりです。

I'm going to start job hunting.
就職活動を始めるつもりです。

I'm going to have a date with Yoko tonight.
今晩、ヨーコとデートするつもりです。

We're not going to get married.
私たちは結婚するつもりはありません。

I'm not going to go to the party tonight.
今夜のパーティーには行かないつもりです。

Are you really going to break up with her?
本当に彼女と別れるつもりですか。

It's going to rain at any moment.
いまにも雨が降り出しそうです。

It's going to snow this afternoon.
午後から雪になるでしょう。

パターン練習 I'm going to ~ next week.

来週引っ越しする予定です。

来週本を出版する予定です。

来週ハワイに旅行する予定です。

来週パリに出張する予定です。

来週オバマに投票するつもりです。

来週結婚するつもりです。

来週会社を辞めるつもりです。

来週アパートを出るつもりです。

来週新車を買うつもりです。

来週これらの本を売るつもりです。

来週~する予定（つもり）です

I'm going to move next week.

I'm going to publish my book next week.

I'm going to take a trip to Hawaii next week.

I'm going to make a business trip to Paris next week.

I'm going to vote for Obama next week.

I'm going to get married next week.

I'm going to quit my job next week.

I'm going to leave my apartment next week.

I'm going to buy a new car next week.

I'm going to sell these books next week.

15

映画を観に行きます
I will go to the movies.

　あらかじめ決定された意思や予定を表すbe going to 〜と違って、その場で決定された意思や予定を表すのが助動詞willです。疑問文はwillを文頭に出し、最後に**?**を付け、否定文はwillの後に**not**を付けるか、will notの短縮形の**won't**を使います。I will 〜．は**I'll 〜．**と短縮形で表すこともできます。

　また、自分の意思に関係なく「〜するでしょう」という未来の予定や未来の推測にもwillを使います。なお、**Will you 〜?**は、「〜してくれますか」という依頼の意味も表します。

- **S＋will＋動詞の原形**
  Sは〜するつもりです

- **Will you＋動詞の原形？**
  〜しますか／〜してくれますか

例文をCheck!

I will go for a drive with her tomorrow.
明日は彼女とドライブするつもりです。

I will follow you.
あなたについていきます。

I will catch up with you soon.
すぐに追いつきます。

I will never forget you.
あなたのことは決して忘れません。

I'll be back in a minute.
すぐに戻ってきます。

I won't see him again.
彼にはもう会いません。

It will be sunny this afternoon.
午後から晴れるでしょう。

He will be 50 years old tomorrow.
彼は明日で50歳になります。

Will you be busy this evening?
今晩は忙しいですか。

Will Alice be at home today?
今日、アリスは家にいますか。

パターン練習 ① I'll ～ .

宿題をします。

テレビゲームをします。

試験勉強をします。

ハナコにメールを送ります。

お手伝いします。

家でテレビを観ます。

飲みに行きます。

夕飯にカレーライスを作ります。

これにします。(店頭で)

ビールにします。(レストランで)

（私は）〜します

I'll do my homework.

I'll play video games.

I'll study for the exam.

I'll send an e-mail to Hanako.

I'll help you.

I'll watch TV at home.

I'll go for a drink.

I'll cook curry and rice for dinner.

I'll take this.

I'll have a beer.

パターン練習 2　Will you ～ ?

ドアを閉めてくれますか。

窓を開けてくれますか。

静かにしてくれますか。

手を貸してくれますか。

砂糖を取ってくれますか。

コーヒーを注いでくれますか。

パンにバターを塗ってくれますか。

胡椒をかけてくれますか。

お皿を洗ってくれますか。

お皿を台所に運んでくれますか。

～してくれますか

Will you close the door?

Will you open the window?

Will you be quiet?

Will you give me a hand?

Will you pass me the sugar?

Will you pour me some coffee?

Will you put some butter on the bread?

Will you sprinkle some pepper?

Will you wash the dishes?

Will you carry the dishes to the kitchen?

16
彼はドイツ語を話せます
He can speak German.

「～することができる」という助動詞 can です。疑問文は **Can he speak German?**（彼はドイツ語を話せますか）のように、can を文頭に出し、否定文は **He can't speak German.**（彼はドイツ語を話せません）のように can を **can't** にするか **cannot** に変えれば OK です。

また、**Can I ～?** は「私は～することができますか」から転じて「～してもいいですか」という許可を求める表現に、**Can you ～?** は「あなたは～することできますか」から「～してくれますか」の依頼表現に使うこともできます。can の代わりに **could** を使うと丁寧な表現になります。

- **S＋can＋動詞の原形**
  Sは～することができます
- **S＋can't (cannot)＋動詞の原形**
  Sは～できません
- **Can＋S＋動詞の原形？**
  Sは～できますか

例文をCheck! ✓

You can do it.
あなたならできます。

I can see you tomorrow.
明日はお会いできます。

He can run 100 meters in 12 seconds.
彼は100メートルを12秒で走ることができる。

I can't drive.
車の運転ができません。

I can't swim at all.
全然泳げません。

Can you eat up?
全部食べられますか。

Can you play the piano?
ピアノが弾けますか。

Can I park the car here?
ここに駐車してもいいですか。

Can I open the window?
窓を開けてもいいですか。

Can you shut the window?
窓を閉めてくれますか。

パターン練習 ① Can I ~ ?

このケーキ食べてもいいですか。

ペンを借りてもいいですか。

トイレを借りてもいいですか。

ここに座ってもいいですか。

ご注文を伺ってもいいですか。

パターン練習 ② Could I ~ ?

紅茶をもう一杯よろしいですか。

ここでタバコを吸ってもよろしいですか。

ケータイを使ってもよろしいですか。

早退してもよろしいですか。

お勘定してもよろしいですか。

～してもいいですか

Can I eat this cake?

Can I borrow your pen?

Can I use your bathroom?

Can I sit here?

Can I take your order?

～してもよろしいですか

Could I have one more tea?

Could I smoke in here?

Could I use my cell phone?

Could I leave early?

Could I have a bill?

パターン練習 3　Can you ～ ?

窓を開けてくれますか。

テレビをつけてくれますか。

テレビを消してくれますか。

魚にエサをあげてくれますか。

お皿を洗ってくれますか。

パターン練習 4　Could you ～ ?

靴を脱いでいただけますか。

花に水をあげていただけますか。

席を交換していただけますか。

席を詰めていただけますか。

奥に進んでいただけますか。（バスで）

英語を話す感覚をつかむ 1 〜 20

〜してくれますか

Can you open the window?

Can you turn on the TV?

Can you turn off the TV?

Can you feed the fish?

Can you wash the dishes?

〜していただけますか

Could you take your shoes off?

Could you water the flowers?

Could you change seats?

Could you move over?

Could you move along?

17

ダイエットをしなくては
I must go on a diet.

　助動詞の **must** には「〜しなければならない」義務と「〜に違いない」という断定的な推量を表す2つの用法があります。その時の状況や文脈で、「義務」と取るか「推量」と取るかを判断しますが、断定的な推量を表す場合は、後に **be** が続くことが多いようです。疑問文は must を文頭に出し、最後に **?** を付け、否定文は must の後に **not** を付けるだけでOKですが、否定文は「〜してはいけない」という禁止を表します。must not 〜 の短縮形は mustn't 〜 です。

- **S ＋ must ＋ 動詞の原形**
  Sは〜しなければなりません
  Sは〜に違いない

- **S ＋ mustn't ＋ 動詞の原形**
  Sは〜してはいけません

例文をCheck!

You must speak English in this class.
この授業では英語を話さなくてはいけません。

I must go at once.
すぐに行かなくてはいけません。

Bill must shave every morning.
ビルは毎朝ひげをそらなければならない。

I'm afraid I must be going.
そろそろおいとましなければなりません。

Must I come back by nine o'clock?
9時までに戻ってこなくてはいけませんか。

Must you go so soon?
もう帰らなくてはいけないのですか。

You mustn't speak Japanese in this class.
この授業では日本語は話してはいけません。

That gentleman must be a doctor.
あの紳士は医者に違いない。

He must be at a bar.
彼は飲み屋にいるに違いない。

Something must be wrong with this machine.
この機械はどこか故障しているに違いない。

パターン練習 ① He must be ~ .

彼はお腹が空いているに違いない。

彼はのどが渇いているに違いない。

彼は眠いに違いない。

彼は忙しいに違いない。

彼は暇に違いない。

パターン練習 ② She must be ~ .

彼女は疲れているに違いない。

彼女は退屈にしているに違いない。

彼女は間違っているに違いない。

彼女はイギリス人に違いない。

彼女は日本人に違いない。

彼は〜に違いない

He must be hungry.

He must be thirsty.

He must be sleepy.

He must be busy.

He must be free.

彼女は〜に違いない

She must be tired.

She must be bored.

She must be wrong.

She must be English.

She must be Japanese.

18

試験勉強しなければいけません
I have to study for the exam.

「～しなければならない」ことを表す語句に have to ～ があります。アメリカ英語では、**must** は意味が強いために、have to ～が好んで使われることが多いようです。must には過去形がないので、「～しなければならなかった」の意味では have to ～の過去形の **had to ～**を使います。have to ～の代わりに **need to ～**（～する必要がある）も覚えておくと便利でしょう。また、have to ～の否定文 **don't/doesn't(didn't) have to ～**は、「～する必要がない（なかった）」の意味になることに注意しましょう。

- **S＋have/has to＋動詞の原形**
  Sは～しなければなりません

- **S＋don't/doesn't have to＋動詞の原形**
  Sは～する必要はありません

例文をCheck!

I have to study English every day.
毎日英語を勉強しなければいけません。

You have to drive on the left.
車は左側通行しなければいけません。

You have to change trains here.
ここで乗り換えなくてはいけません。

Do I have to go now?
もう行かなくてはいけませんか。

Do I have to pay cash?
現金で払わなければいけませんか。

I didn't have to take my umbrella.
傘を持ってくる必要はありませんでした。

You don't have to worry.
心配する必要はありません。

I had to exchange money.
両替をしなければならなかった。

You need to make seat reservations.
座席の予約をする必要があります。

We don't need to hurry.
私たちは急ぐ必要はありません。

パターン練習 1 I have to ~ every day.

毎日運動をしなければいけません。

毎日薬を飲まなくてはいけません。

毎日メールをチェックしなければいけません。

毎日買い物をしなければいけません。

毎日残業をしなければいけません。

パターン練習 2 You have to ~ .

もっと野菜を食べなくてはいけません。

減量をしなければいけません。

体重を増やさなければいけません。

券を買わなければいけません。

電車を乗り換えなければいけません。

英語を話す感覚をつかむ 1〜20

（私は）毎日〜しなくてはいけません

I have to get some exercise every day.

I have to take medicines every day.

I have to check my e-mail every day.

I have to do some shopping every day.

I have to work overtime every day.

（あなたは）〜しなくてはいけません

You have to eat more vegetables.

You have to lose weight.

You have to put on weight.

You have to buy a ticket.

You have to change trains.

19

パーティーに遅刻するかもしれません
I may be late for the party.

　副詞の **maybe**（たぶん）が使われるとき、実際に起こる可能性は五分五分くらいですが、助動詞 **may ～** は、「～かもしれない」という不確かな推測を表します。**might ～** は、mayよりもっと不確かな推測の場合に使います。また、**may ～** は、改まった状況で、許可を与えたり求めたりする場合にも使います。フライトアテンダントの「皆様にご案内申し上げます」の英語は **May I have your attention, please?** です。

- **S＋may＋動詞の原形**
  Sは～かもしれません／～してもよい

- **May I ＋動詞の原形?**
  ～してもよろしいですか

例文をCheck!

Our team may win tonight.
今夜はうちのチームは勝つかもしれない。

I may be late coming home tonight.
今夜は家に帰るのが遅くなるかもしれない。

It may snow this afternoon.
午後から雪になるかもしれない。

He may be out.
彼は外出中かもしれない。

She may not be at home now.
彼女は今家にいないかもしれない。

He might not be coming to the party.
彼はパーティーに来ないかもしれない。

You may park the car here.
ここに駐車してもかまいません。

You may not park the car here.
ここに駐車してはいけません。

May I have your name?
お名前をお聞きしてもよろしいですか。

May I go now?
もう行ってもいいですか。

パターン練習 1: He may be ~ ing.

彼は図書館で本を読んでいるかもしれない。

彼はプールで泳いでいるかもしれない。

彼は洗車をしているかもしれない。

彼は宿題をしているかもしれない。

彼はお風呂に入っているかもしれない。

パターン練習 2: May I ~ ?

ここでタバコを吸ってもよろしいですか。

窓を開けてもよろしいですか。

入ってもよろしいですか。

これを試着してもよろしいですか。

佐藤さんをお願いします。(電話で)

彼は〜しているかもしれない

He may be reading books in the library.

He may be swimming in the pool.

He may be washing the car.

He may be doing his homework.

He may be taking a bath.

〜してもよろしいですか

May I smoke in here?

May I open the window?

May I come in?

May I try this on?

May I speak to Mr. Sato?

20

今行くべきです
You should go now.

　助動詞shouldは「～するべきである」という意味で、must、have to、need toよりも強制力は弱く、アドバイスなどにぴったりの表現です。文頭に I think や Maybe などを置いて、I think you should ～.／Maybe you should ～. などとすると、語調を和らげることができます。また、shouldは ought to に言い換えが可能です。should ～も ought to ～も、「～のはずである」という意味で使われることがあります。

> ● S ＋ should ＋ 動詞の原形
>   Sは～するべきです
>
> ● S ＋ shouldn't ＋ 動詞の原形
>   Sは～するべきではありません

例文をCheck! ✓

You should apologize to her.
彼女に謝るべきです。

You should give up smoking.
タバコをやめるべきです。

You should go on a diet.
ダイエットをするべきです。

You should study harder.
もっと一生懸命勉強するべきです。

You should finish the job by noon.
正午までにその仕事を終わらせるべきです。

You shouldn't be late for the meeting.
会議に遅刻するべきではない。

I think you should lose weight.
減量するべきだと思います。

Maybe you should eat more vegetables.
たぶんもっと野菜を食べた方がいいでしょう。

He should be at home by now.
彼は今頃家にいるはずです。

The question shouldn't be so difficult.
その問題はそんなに難しいはずはない。

パターン練習 1 You should ~ .

おしゃべりをやめましょう。

一列に並びましょう。

席を譲りましょう。

靴を脱ぎましょう。

帽子を被りましょう。

パターン練習 2 You shouldn't ~ .

スープは音を立てないで飲みましょう。

飲み過ぎはやめましょう。

食べ過ぎはやめましょう。

夜更かしはやめましょう。

左側歩行はやめましょう。

～しましょう

You should stop talking.

You should stand in a line.

You should give up your seat.

You should take off your shoes.

You should wear your hat.

～するのはやめましょう

You shouldn't slurp your soup.

You shouldn't drink so much.

You shouldn't eat so much.

You shouldn't stay up late at night.

You shouldn't walk on the left.

英会話力を
ぐんぐん伸ばす
21〜40

現在完了形を学んだあと、疑問詞を使った文の学習に入ります。英語で何でも質問できるようになれば、英会話上達が実感できます。

21

パスポートをなくしてしまいました
I have lost my passport.

　have＋過去分詞の形は現在完了形と呼ばれ、たった今完了したことや、完了した行為が現在に何らかの結果を及ぼしていることを表す表現です。主語が3人称で単数ならば、**has＋過去分詞**の形をとります。

　I lost my passport. は、単に「私はパスポートをなくした」事実だけを伝えているにすぎませんが、**I have lost my passport.** と言えば、「パスポートをなくしてしまいました（だから今困っています）」というニュアンスです。

　疑問文は **have** や **has** を文頭に出して **?** を付け、否定文は have と has の後に **not** を付けます。

> ● **S＋have/has＋過去分詞**
> 　Sは〜し（てしまい）ました
>
> ● **Have/Has＋S＋過去分詞?**
> 　Sは〜しましたか

例文をCheck!

I have just finished my homework.
たった今、宿題を終えたところです。

I have forgotten my wallet.
財布を忘れてしまった。

You have changed a lot.
ずいぶん変わりましたね。

You haven't changed at all.
全然変わっていませんね。

Have you changed your hairstyle?
髪型を変えましたか。

Have you decided yet?
もう決めましたか。

I've had enough.
もう十分いただきました。

He has already gone home.
彼はもう帰宅しました。

I haven't read today's newspaper yet.
まだ今日の新聞を読んでいません。

I've been to the supermarket.
スーパーに行ってきました。

パターン練習 ① Have you ～ ?

もう部屋の掃除はしましたか。

もう食卓の準備はしましたか。

もうテーブルの後かたづけをしましたか。

もうゴミは出しましたか。

もうジェーンのおむつを替えましたか。

もう魚に餌をあげましたか。

もう洗濯物を取り込みましたか。

もう宿題を終えましたか。

もう布団を干しましたか。

もうお昼ご飯は食べましたか。

もう〜しましたか

Have you cleaned your room?

Have you set the table?

Have you cleared the table?

Have you taken out the garbage?

Have you changed Jane's diaper?

Have you fed the fish?

Have you brought in the laundry?

Have you finished your homework?

Have you hung the futon out in the sun?

Have you eaten lunch?

パターン練習 ② I've been to ～.

郵便局に行ってきました。

病院に行ってきました。

銀行に行ってきました。

市役所に行ってきました

コンビニに行ってきました。

歯医者に行ってきました。

酒屋に行ってきました。

デパートに行ってきました。

美容院に行ってきました。

床屋に行ってきました。

～に行ってきました

I've been to the post office.

I've been to the hospital.

I've been to the bank.

I've been to the city hall.

I've been to the convenience store.

I've been to the dentist.

I've been to the liquor shop.

I've been to the department store.

I've been to the beauty salon.

I've been to the barber.

22

沖縄に行ったことがありますか
Have you ever been to Okinawa?

現在完了形は、完了や結果の意味だけでなく、過去から現在に至るまでの経験を表すことができます。**Have you ever ～?**は、経験の有無を訊ねる表現です。答える時は単に**Yes, I have.** とか**No, I haven't.** だけでなく、例えば、**Have you ever been to Okinawa?**（沖縄に行ったことがありますか）に対しては、**Yes, I have. I went there last year.**（去年行きました）などの付加情報を伝えるのが普通です。

- **S＋have/has＋過去分詞**
  Sは～したことがあります
- **Have/Has＋S＋ever＋過去分詞?**
  Sは～したことがありますか
- **S＋have/has＋never＋過去分詞**
  Sは一度も～したことがありません

例文をCheck!

I have heard a lot about you.
お噂はよく伺っております。

I have visited Kyoto three times.
3回京都を訪れたことがある。

I have appeared on TV once.
一度テレビに出たことがある。

Have you ever been to Kyushu?
九州に行ったことがありますか。

Have you met my wife before?
妻に会ったことがありますか。

Have you ever stayed at the Hilton Hotel?
ヒルトンホテルに泊まったことがありますか。

I have never seen such a pretty girl.
そんなかわいい少女を見たことがない。

My father has never been to Okinawa.
父は沖縄に一度も行ったことがない。

I have not had a cold lately.
最近は風邪を引いていません。

He has been to Hokkaido twice.
彼は北海道に2回行ったことがあります。

パターン練習 Have you ever ～ ?

外国に行ったことがありますか。

富士山に登ったことがありますか。

マラソンを走ったことがありますか。

ダイエットしたことがありますか。

飛行機に乗ったことがありますか。

入院したことがありますか。

パンダを見たことがありますか。

コアラを抱いたことがありますか。

新幹線に乗ったことがありますか。

寿司を食べたことがありますか。

～したことがありますか

Have you ever been abroad?

Have you ever climbed Mt. Fuji?

Have you ever run a marathon?

Have you ever been on a diet?

Have you ever got on a plane?

Have you ever been in hospital?

Have you ever seen pandas?

Have you ever held koalas?

Have you ever taken the Shinkansen?

Have you ever tried sushi?

23

彼女とは10年来の知り合いです
I have known her for ten years.

　現在完了形（have／has＋過去分詞）には、完了・結果・経験の意味だけでなく、「今までずっと～してきた」という継続の意味があります。使われる動詞は状態を表し、最後に「期間」を表す語句が必ず来ます。また、使われる動詞が進行形になれる時はhave/has been ～ingの形で表すこともできます。これは現在完了進行形と呼ばれています。なお、live（住む）、study（勉強する）、work（働く）、teach（教える）、stay（滞在する）など、現在完了形と現在完了進行形のどちらを使っても同じ意味を表すものもあります。

●S＋have/has＋過去分詞
　Sはずっと～しています

●S＋have/has＋been＋動詞のing形
　Sはずっと～しています

例文を Check!

I have lived in Tokyo for the past 20 years.
ここ20年間、東京に住んでいる。

I have been busy this week.
今週、ずっと忙しい。

I have had no appetite recently.
最近、食欲がない。

I haven't met him for 15 years.
彼とは15年間会っていません。

How long have you been in Japan?
どれくらい日本にいますか。

I've been teaching English for 10 years.
10年間英語を教えています。

She's been working for a bank for 6 months.
彼女は6カ月間銀行に勤めています。

It's been snowing since this morning.
今朝から雪が降っています。

It has been raining since last week.
先週から雨が降っています。

How long have you been waiting for her?
どれくらい彼女を待っているのですか。

パターン練習 ① He's been ~ ing for ….

彼は2時間歩いている。

彼は30分私を待っている。

彼は1時間泳いでいる。

彼は3時間ジョギングをしている。

彼は彼女と50分しゃべっている。

パターン練習 ② She's been ~ ing since ….

彼女は7時からカラオケをやっている。

彼女は今朝からテレビゲームをしている。

彼女は6時から飲んでいる。

彼女は昼の12時からテニスをしている。

彼女は今朝からジョギングをしている。

彼は…の間、～している

He's been walking for two hours.

He's been waiting for me for half an hour.

He's been swimming for one hour.

He's been jogging for three hours.

He's been chatting with her for 50 minutes.

彼女は…から～している

She's been singing karaoke since 7 o'clock.

She's been playing video games since this morning.

She's been drinking since 6 o'clock.

She's been playing tennis since noon.

She's been jogging since this morning.

24

コンサートはいつですか
When is the concert?

　5Ｗ1Ｈなどの疑問詞を普通の疑問文の文頭に置くことにより、具体的に、いつ（**when**）、どこで（**where**）、誰が（**who**）、何を（**what**）、どれを（**which**）、どのように（**how**）、なぜ（**why**）などを問う疑問文を作ることができます。これらの疑問文は最後のイントネーションを下げて発音します。手始めは「時」を尋ねる疑問詞のwhenです。もっと具体的に「何時に」と尋ねる時は **what time** を使います。

- **When＋be動詞（is、am、are）＋S?**
  Sはいつですか
- **When＋do/does＋S＋動詞の原形?**
  Sはいつ〜しますか
- **When＋did＋S＋動詞の原形?**
  Sはいつ〜しましたか

例文をCheck!

When is your birthday?
あなたの誕生日はいつですか。

When will the train arrive?
電車はいつ到着しますか。

When will the meeting be over?
会議はいつ終わりますか。

When did you meet her last?
彼女に最後に会ったのはいつですか。

When are you going to New York?
ニューヨークにはいつ行くつもりですか。

What time do you have?
今何時ですか。

What time did you get up this morning?
今朝は何時に起きましたか。

What time did you get home?
何時に帰宅しましたか。

What time does the next train come?
次の電車は何時に来ますか。

What time does the concert finish?
コンサートは何時に終わりますか。

パターン練習: What time do you usually ～ ?

いつも何時に起きますか。

いつも何時に家を出ますか。

いつも何時に犬の散歩をしますか。

いつも何時に出社しますか。

いつも何時に仕事を始めますか。

いつも何時に昼食を取りますか。

いつも何時に会社を出ますか。

いつも何時に帰宅しますか。

いつも何時にお風呂に入りますか。

いつも何時に寝ますか。

いつも何時に〜しますか

What time do you usually get up?

What time do you usually leave home?

What time do you usually walk your dog?

What time do you usually get to the office?

What time do you usually start working?

What time do you usually eat lunch?

What time do you usually leave the office?

What time do you usually get home?

What time do you usually take a bath?

What time do you usually go to bed?

25

郵便局はどこですか
Where is the post office?

　物がどこにあるかを問う疑問文です。基本形は **Where is the ～?** で、それに答えるときには、**It's（＝It is）～.** となります。～の部分には、in the box（箱の中に）、on the table（テーブルの上に）、at the station（駅で）など、「前置詞＋名詞」の形が続きます。疑問の対象となる物が複数の場合は、**Where are the ～?** で、答えは **They are ～.** です。人や動物の居場所も、同じような形で表すことができます。

- **Where is the ～?**
  ～はどこですか

- **It's＋前置詞＋名詞**
  ～にあります

例文を Check!

Where's the taxi stand?
タクシー乗り場はどこですか。

It's in front of the station.
駅前にあります。

Where's my umbrella?
僕の傘はどこにありますか。

It's at the porch.
玄関にあります。

Where are you now?
今どこにいますか。

I'm in the library.
図書館にいます。

Where are you from?
どちらの出身ですか。

I'm from Japan.
日本です。

Where's the food section?
食品売り場はどこにありますか。

It's in the first basement.
地下1階にございます。

パターン練習: The cat is ~ .

猫は屋根の上にいます。

猫はテーブルの下にいます。

猫は窓辺にいます。

猫はドアの所にいます。

猫は庭にいます。

猫は塀の上にいます。

猫は木の上にいます。

猫は階段にいます。

猫は電話ボックスの上にいます。

猫は廊下にいます。

猫は〜にいます

The cat is on the roof of the house.

The cat is under the table.

The cat is by the window.

The cat is at the door.

The cat is in the yard.

The cat is on the fence.

The cat is on the tree.

The cat is on the stairs.

The cat is on the telephone booth.

The cat is in the hallway.

26

どこに行くのですか
Where are you going?

Where is my camera?(私のカメラはどこにありますか)や**Where is he?** (彼はどこにいますか) など、物や人が「どこにあるか」とか「どこにいるか」を尋ねる時には疑問詞**where**を使うというのは前項で扱いましたが、ここでは、「どこで〜しますか」とか「どこへ〜しましたか」という疑問文を覚えましょう。形としては、whenの時と同じように、普通の疑問文の前に**where**を付けるだけでOKです。

- **Where＋do/does＋S＋動詞の原形?**
  Sはどこで〜しますか

- **Where＋did＋S＋動詞の原形?**
  Sはどこで〜しましたか

例文をCheck!

Where are you going to have lunch?
昼食はどこで食べるつもりですか。

Where are you going to meet Tom?
トムとはどこで会うつもりですか。

Where did you have lunch today?
今日はどこで昼食を取りましたか。

Where did you go yesterday?
昨日はどこに行きましたか。

Where did you park your car?
車をどこに停めましたか。

Where did you meet your husband?
ご主人とはどこで会いましたか。

Where were you born?
どこで生まれましたか。

Where do you go to school?
どこの学校に通っていますか。

Where does she live?
彼女はどこに住んでいますか。

Where do they play baseball after school?
彼らは放課後どこで野球をしますか。

パターン練習　Where did you ~ ?

どこでその時計を見つけましたか。

どこで休日を過ごしましたか？

どこでそのスーツを買いましたか。

どこでフランス語を勉強しましたか。

どこで飲みましたか。

どこで一青窈さんを見ましたか。

どこでパーティーをしましたか。

どこで電車を乗り換えましたか。

どこにその本を置きましたか。

どこで事故にあいましたか。

どこで〜しましたか

Where did you find the watch?

Where did you spend your holidays?

Where did you buy the suit?

Where did you study French?

Where did you drink?

Where did you see Hitoto Yo?

Where did you have a party?

Where did you change trains?

Where did you put the book?

Where did you have the accident?

27

あの男性は誰ですか
Who is that man?

　疑問詞whoは、その文の主語になるか、補語（主語の説明になったり、主語と一致する語）になるか、目的語(whoの本来の目的格は**whom**ですが、この語は今ではほとんど使われることがなくwhoのまま使います）になるかによって使い方が異なります。主語の場合は、whoの後に一般動詞が続き、補語の場合は、whoの後にbe動詞＋S（主語）の形が続きます。目的語の場合は、whoの後に普通の疑問文を続けます。

- **Who ＋一般動詞？**
  誰が～しますか
- **Who ＋ be動詞(is、am、are) ＋S?**
  Sは誰ですか
- **Who ＋ do/does(did) ＋S＋動詞の原形？**
  Sは誰を～しますか（しましたか）

英会話力をぐんぐん伸ばす **21 ～ 40**

例文を**Check!**

Who is that girl?
あの女の子は誰ですか

Who is this, please?
どちら様ですか。(電話で)

Who is it?
どなたですか。(玄関口で)

Who is your favorite singer?
あなたの好きな歌手は誰ですか。

Who is coming to the party?
パーティーに来るのは誰ですか。

Who told you so?
誰がそんなこと言ったのですか。

Who is playing the piano?
誰がピアノを弾いているのですか。

Who lives in this mansion?
誰がこの大邸宅に住んでいるのですか。

Who did you meet at the party?
パーティーで誰に会いましたか。

Who did you go to the concert with?
誰と一緒にコンサートに行きましたか。

パターン練習: Who is ~ ing?

バイオリンを弾いているのは誰ですか。

テレビを観ているのは誰ですか。

部屋の掃除をしているのは誰ですか。

車を洗っているのは誰ですか。

この歌を歌っているのは誰ですか。

ベンチに座っている人は誰ですか。

英語を話している人は誰ですか。

川で泳いでいる人は誰ですか。

ケータイで話している人は誰ですか。

自転車に乗っている人は誰ですか。

～しているのは誰ですか

Who is playing the violin?

Who is watching TV?

Who is cleaning the room?

Who is washing the car?

Who is singing this song?

Who is sitting on the bench?

Who is speaking English?

Who is swimming in the river?

Who is talking on the cell phone?

Who is riding the bike?

28

あなたの傘はどっちですか
Which is your umbrella?

2つまたは3つ以上の中から、特定の物や人を尋ねる表現が、**Which is ～?**（～はどっちですか）です。「どっちを～しますか」と尋ねたい時は、**Which do/does S＋一般動詞の原形?** の形をとります。whichを形容詞的に使って、**Which umbrella is yours?**（どっちの傘があなたのですか）と言うこともできます。また、whichの代わりにwhoseを使えば、「～は誰のですか」とか「誰の～ですか」という意味になります。

- **Which is ～?**
  どっちが～ですか

- **Which＋do/does(did)＋S＋動詞の原形?**
  Sはどっちを～します（しました）か

例文をCheck!

Which is yours?
あなたのはどっちですか。

Which is your mother's car?
あなたのお母さんの車はどっちですか。

Which is your phone number?
あなたの電話番号はどっちですか。

Which is the shortest month of the year?
一年の中で一番短い月はどれですか。

Which do you prefer, cats or dogs?
猫と犬のどっちが好きですか。

Which dictionary do you use?
あなたはどっちの辞書を使っていますか。

Which book is yours?
どっちの本があなたのですか。

Whose cell phone is this?
この携帯電話は誰のですか。

Whose computer are you using?
あなたは誰のコンピュータを使っているのですか。

Whose is this key chain?
このキーホルダーは誰のですか。

パターン練習 ① Which do you prefer, A or B?

紅茶とコーヒーのどっちがいいですか。

レモンティーとミルクティーのどっちがいいですか。

ビールとウイスキーのどっちがいいですか。

肉と魚のどっちがいいですか。

レアとミディアムのどっちがいいですか。

通路側と窓側の席のどっちがいいですか。

ゆで卵と卵焼きのどっちがいいですか。

ローファーとひも靴のどっちがいいですか。

まぐろとかつおのどっちがいいですか。

喫煙車と禁煙車のどっちがいいですか。

AとBのどっちがいいですか

Which do you prefer, tea or coffee?

Which do you prefer, tea with lemon or milk?

Which do you prefer, beer or whisky?

Which do you prefer, meat or fish?

Which do you prefer, rare or medium?

Which do you prefer, aisle or window seat?

Which do you prefer, boiled or fried eggs?

Which do you prefer, loafers or oxfords?

Which do you prefer, tuna or bonito?

Which do you prefer, smoking or nonsmoking car?

パターン練習 2 Whose ~ is this?

これは誰の傘ですか。

これは誰の辞書ですか。

これは誰の財布ですか。

これは誰の教科書ですか。

これは誰のケーキですか。

パターン練習 3 Whose ~ are these?

これは誰の靴ですか。

これは誰のめがねですか。

これは誰のズボンですか。

これは誰のお箸ですか。

これは誰の靴下ですか。

これは誰の〜ですか

Whose umbrella is this?

Whose dictionary is this?

Whose wallet is this?

Whose textbook is this?

Whose cake is this?

これは誰の〜ですか

Whose shoes are these?

Whose glasses are these?

Whose pants are these?

Whose chopsticks are these?

Whose socks are these?

29

これは何ですか
What is this?

What is this? は、目の前にあるものが「何であるか」を問う疑問文です。目の前にあるものが複数あるなら **What are these?** と言ってください。人の名前を尋ねる時の表現に **What is your name?** がありますが、これは大人が子どもに向かって「お名前は？」と言うような感じなので、大人の人に名前を尋ねる場合は **May I have your name?** と聞くことをおすすめします。

なお、What is ～?の短縮形は **What's ～?** です。

- **What＋be動詞（is、am、are）＋S?**
  Sは何ですか？

例文をCheck!

What is your name?
あなたの名前は何ですか。

What is the name of your mother?
お母さんの名前は何ですか。

What is your phone number?
電話番号はいくつですか。

What is your favorite food?
あなたの好きな食べ物は何ですか。

What is today's special?
今日のスペシャルは何ですか。

What's on sale today?
今日の特売品は何ですか。

What's on TV tonight?
今晩はテレビで何がありますか。

What's for today's dinner?
今日の夕食は何ですか。

What's the population of Tokyo?
東京の人口はどれくらいですか。

What's the capital of the U.K.?
イギリスの首都はどこですか。

パターン練習 What's the capital of ～?

アメリカの首都はどこですか。

オーストラリアの首都はどこですか。

ドイツの首都はどこですか。

スペインの首都はどこですか。

イタリアの首都はどこですか。

ギリシャの首都はどこですか。

フィリピンの首都はどこですか。

韓国の首都はどこですか。

オーストリアの首都はどこですか。

タイの首都はどこですか。

～の首都はどこですか

What's the capital of the U.S.?

What's the capital of Australia?

What's the capital of Germany?

What's the capital of Spain?

What's the capital of Italy?

What's the capital of Greece?

What's the capital of the Philippines?

What's the capital of Korea?

What's the capital of Austria?

What's the capital of Thailand?

30

大学では何を勉強しましたか
What did you study at college?

　What is ～?は「～は何ですか」という意味でしたが、上のWhat did you study at college?は、whatを目的語として、「何を～しますか／しましたか」を尋ねる疑問文です。形はWhatの後に普通の疑問文を続ければOKです。また、**What size shoes do you wear?**（どのサイズの靴をはいていますか）のように、whatは形容詞的に、後に名詞を伴って「何の～」という意味でも使われます。

- **What＋do/does＋S＋動詞の原形?**
  Sは何を～しますか

- **What＋did＋S＋動詞の原形?**
  Sは何を～しましたか

例文をCheck!

What do you usually do on weekends?
いつも週末は何をしますか。

What do you do (for a living)?
お仕事はどのような関係ですか。

What do you want to eat?
何が食べたい?

What do you think about the plan?
その計画についてどう思いますか。

What do you want for your birthday?
誕生日には何が欲しいですか。

What did you eat for lunch?
昼食に何を食べましたか。

What did you do last Sunday?
先週の日曜日に何をしましたか。

What did you say to him?
彼に何と言ったのですか。

What are you thinking about?
何を考えているのですか。

What kind of spaghetti do you like?
どんな種類のスパゲッティーが好きですか。

パターン練習: What kind of ～ do you like?

どんな食べ物が好きですか。

どんなドレッシングが好きですか。

どんな音楽が好きですか。

どんな本が好きですか。

どんな映画が好きですか。

どんな犬が好きですか。

どんな車が好きですか。

どんな花が好きですか。

どんなテレビ番組が好きですか。

どんな絵が好きですか。

どんな～が好きですか

What kind of food do you like?

What kind of dressing do you like?

What kind of music do you like?

What kind of book do you like?

What kind of movie do you like?

What kind of dog do you like?

What kind of car do you like?

What kind of flower do you like?

What kind of TV program do you like?

What kind of picture do you like?

31

なぜそんなに怒っているの
Why are you so angry?

　whyは理由を尋ねる疑問詞ですが、学校の先生が生徒に、あるいは会社の上司が部下に「どうして〜なのですか」というように、この単語は、どちらかと言うと詰問口調なので、普段はあまり使わない方がベターです。答える時は、**Because**で始めます。また、**Why don't you 〜?**の形は、間隔を空けずにwhy・don't・youと一気に発音すれば、詰問調の文ではなく、「〜したらどうですか」という軽い提案の意味になります。

- **Why＋be動詞（is、am、are）＋S 〜?**
  なぜSは〜ですか

- **Why＋do/does（did）＋S＋動詞の原形?**
  なぜSは〜する（した）のですか

例文をCheck!

Why are you always so late?
なぜいつも遅刻するのですか。

Why are you always talking?
なぜいつもおしゃべりばかりしているのですか。

Why are you always so noisy?
なぜいつもそんなにうるさいのですか。

Why is he always so lazy?
なぜ彼はいつも怠けているのですか。

Why are you crying?
なぜ泣いているのですか。

Why did you go to the airport?
なぜ空港に行ったのですか。

Why were you absent yesterday?
なぜ昨日は欠席したのですか。

Why don't you turn on the light?
なぜ電気をつけないのですか。

Why didn't you come to the party yesterday?
なぜ昨日パーティーに来なかったのですか。

Why don't you have some wine?
ワインはいかがですか。

パターン練習 Why don't you ~ ?

歯を磨いたら？

うがいをしたら？

電気を消したら？

宿題したら？

急いだら？

お酒やめたら？

たばこやめたら？

コートを脱いだら？

水を止めたら？

布団をたたんだら？

英会話力をぐんぐん伸ばす **21～40**

～したら？

Why don't you brush your teeth?

Why don't you gargle?

Why don't you turn off the light?

Why don't you do your homework?

Why don't you hurry up?

Why don't you stop drinking?

Why don't you stop smoking?

Why don't you take your coat off?

Why don't you turn off the tap?

Why don't you fold up the futon?

32

お元気ですか
How are you?

あらたまった状況で、「調子はどうですか」と尋ねる挨拶表現が**How are you?**です。くだけた状況では、代わりに、**How are you doing?**や**How's everything?**、**How are things with you?**などの表現が使われます。

howは「どのように〜？」という状態を問う疑問詞です。また、「どうやって〜しますか」というように、手段や方法を問うこともできます。

- **How＋be動詞（is、am、are）＋S?**
  Sはどうですか
- **How＋do/does＋S＋動詞の原形?**
  Sはどう〜ですか
- **How＋did＋S＋動詞の原形?**
  Sはどう〜でしたか

例文をCheck!

How's everything?
調子はどう？

How's work?
お仕事はどう？

How are you feeling today?
今日の気分はいかがですか。

How is the weather in Tokyo?
東京の天気はどうですか。

How do you spell your name?
あなたの名前はどう綴りますか。

How do you know my name?
どうして私の名前を知っているのですか。

How can I get to the nearest station?
最寄りの駅までどうやって行けばいいですか。

How do you commute to work every day?
毎日、どうやって出勤していますか。

How do you like Japanese food?
日本食はいかがですか。

How did you spend your holidays?
休日はどのように過ごしましたか。

パターン練習 1　How did you spend ～ ?

週末はどのように過ごしましたか。

クリスマスは彼とどのように過ごしましたか。

大晦日はどのように過ごしましたか。

誕生日はどのように過ごしましたか。

夏はどのように過ごしましたか。

パターン練習 2　How do you like ～ ?

タイ料理はいかがですか。

ロシア料理はいかがですか。

スペイン料理はいかがですか。

インド料理はいかがですか。

ドイツ料理はいかがですか。

～はどのように過ごしましたか

How did you spend the weekends?

How did you spend Christmas with him?

How did you spend the New Year's Eve?

How did you spend your birthday?

How did you spend the summer?

～はいかがですか

How do you like Thai food?

How do you like Russian food?

How do you like Spanish food?

How do you like Indian food?

How do you like German food?

33

東京の大きさはどれくらいですか
How big is Tokyo?

　店員さんに「これはいくらですか」と尋ねる時に、How much is this? と言いますが、How＋疑問文?（どれくらい〜ですか）の形で、状態の程度を問うことができます。〜の部分には、形容詞か副詞のどちらかが入ります。How often 〜?（何回くらい〜しますか）、How much 〜?（どれくらい〜ですか）、How many 〜?（いくつ〜ですか）などは、日常会話で、情報を求める時に非常に頻繁に使われる表現です。

● **How＋形容詞/副詞＋be動詞（is、am、are）＋S?**
Sはどれくらい〜ですか

例文をCheck! ✓

How old are you?
あなたは何歳ですか。

I'm 20 years old.
20歳です。

How tall are you?
身長はどれくらいですか。

I'm 171cm tall.
171センチです。

How high is Mt. Fuji?
富士山の高さはどれくらいですか。

It's 3,776 meters high.
3,776メートルです。

How long is it from here to the station?
ここから駅までどれくらいかかりますか。

It takes about 20 minutes.
約20分です。

How far is it from here to the bus stop?
ここからバス停までどれくらいの距離ですか。

It's about 500 meters.
約500メートルです。

パターン練習 ① How often ～？

ピアノのレッスンは何回くらいしますか。

テニスは何回くらいしますか。

塾には何回くらい行きますか。

風呂は何回くらい入りますか。

残業は何回くらいしますか。

空手の練習は何回くらいしますか。

温泉には何回くらい行きますか。

アルバイトには何回くらい行きますか。

外食は何回くらいしますか。

ジョギングは何回くらいしますか。

～は何回くらいしますか

How often do you take piano lessons?

How often do you play tennis?

How often do you go to a cram school?

How often do you take a bath?

How often do you work overtime?

How often do you practice karate?

How often do you go to hot springs?

How often do you work part-time?

How often do you eat out?

How often do you jog?

パターン練習 ② How much ～ ?

体重はどれくらいありますか。

いくら払えばいいですか。

いくら持っていますか。

いくら彼に借りていますか。

ガソリンはどれくらい必要ですか。

パターン練習 ③ How many ～ ?

エアコンは何台ありますか。

家族は何人ですか。

一カ月に何冊本を読みますか。

何度言えば気が済むのですか。

そのことは何度聞けばいいのですか。

どれくらい（いくら）〜ですか

How much do you weigh?

How much should I pay?

How much money do you have?

How much do you owe him?

How much gas do you need?

何台（何人、何冊、何度）〜ですか

How many air-conditioners do you have?

How many people are there in your family?

How many books do you read a month?

How many times do I have to tell you?

How many times do I have to hear that?

34

あなたはどうですか
How about you?

　How are you doing?（調子はどうですか）と聞かれたら、I'm fine, thank you.（元気です）の後に、And you? または How about you?（あなたは？）と聞き返すのが礼儀です。How about 〜?は、人にあることを提案したり、勧めたりする時にも非常に便利な表現です。How about の後に、名詞や動名詞（〜ing）が続きますが、答える時は、Sure.（いいですよ）／That's a good idea.（それはいい考え）／That sounds great.（それはいいですね）などと答えましょう。How about〜?の代わりに What about 〜?としてもOKです。

● How about 〜 ?
　〜はどうですか

● How about 〜 ing?
　〜するのはどうですか

例文をCheck! ✓

How about this one?
これはどうですか。

How about some beer?
ビールはいかがですか。

How about another cup of coffee?
コーヒーをもう一杯いかがですか。

How about another piece of cake?
ケーキをもう1ついかがですか。

How about French food?
フランス料理はどうですか。

How about tomorrow?
明日はどうですか。

How about this weekend?
今週末はどうですか。

How about getting together at 2 o'clock?
2時に会いませんか。

How about eating out this evening?
今晩、外食しませんか。

How about going for a walk?
散歩しませんか。

パターン練習 How about ~ ing?

テニスをするのはどう？

ボーリングに行くのはどう？

買い物に行くのはどう？

図書館に行くのはどう？

喫茶店に行くのはどう？

飲みに行くのはどう？

食事に行くのはどう？

寿司屋に行くのはどう？

カラオケに行くのはどう？

映画に行くのはどう？

～するのはどう？

How about playing tennis?

How about going bowling?

How about going shopping?

How about going to the library?

How about going to a coffee shop?

How about going for a drink?

How about going out to dinner?

How about going to a sushi bar?

How about going to karaoke?

How about going to the movies?

35

最寄りの駅がどこにあるかわかりますか

**Do you know
where the nearest station is?**

　Do you know?（知っていますか）と **Where is the nearest station?**（最寄りの駅はどこですか）という2つの疑問文を1つの形で表す時、疑問詞以下の部分を「主語＋動詞」の形（**where the nearest station is**）に語順を変えて接続します。これを間接疑問文と呼びます。ただし、**do you think**（思いますか）でつなげる時は、**Where do you think the nearest station is?**（最寄りの駅はどこにあると思いますか）のように、do you thinkを挿入する形をとります。

● **Do you know where S ～?**
　Sはどこで～なのか知っていますか

● **Where do you think S ～?**
　Sはどこで～だと思いますか

例文をCheck!

Do you know who he is?
彼が誰だかわかりますか。

Do you know where she lives?
彼女がどこに住んでいるかわかりますか。

Do you know when her birthday is?
彼女の誕生日がいつだかわかりますか。

Do you know what's on the movie theater?
映画館で何を上映しているかわかりますか。

I don't know which umbrella is mine.
どっちが私の傘なのかわかりません。

I don't know how I can get to the office.
会社までどうやって行ったらいいのかわかりません。

Who do you think he is?
彼は誰だと思いますか。

Who do you think you are?
お前は何様だと思っているのか。

Where do you think he is going?
彼はどこに行くと思いますか。

What do you think is in this box?
この箱に何が入っていると思いますか。

パターン練習 1 Do you know where the ~ is?

駐車場がどこにあるかわかりますか。

郵便局がどこにあるかわかりますか。

市役所がどこにあるかわかりますか。

交番がどこにあるかわかりますか。

市場がどこにあるかわかりますか。

パターン練習 2 Can you tell me where the ~ is?

文房具売り場がどこにあるか教えてください。

家具売り場がどこにあるか教えてください。

おもちゃ売り場がどこにあるか教えてください。

宝石売り場がどこにあるか教えてください。

化粧品売り場がどこにあるか教えてください。

～がどこにあるかわかりますか

Do you know where the parking lot is?

Do you know where the post office is?

Do you know where the city hall is?

Do you know where the police box is?

Do you know where the market is?

～がどこにあるか教えてください

Can you tell me where the stationery section is?

Can you tell me where the furniture section is?

Can you tell me where the toy section is?

Can you tell me where the jewelry section is?

Can you tell me where the cosmetics section is?

36

話を聞きなさい
Listen to me.

　相手に向かって、直接頼んだり、命令したりする文を命令文と呼びますが、形としては、動詞の原形で始まります。「命令文」と言うと、何か威圧的な感じを与えますが、英語では優しくソフトな感じで言えば、それほど命令口調にはなりません。誤解を避けたければ、文頭か文末に**please**を付けてください。文末に付ける場合は、直前にコンマ（,）を忘れずに。なお、道案内や調理法などを指示する時など、相手に利益を与えるような場合には、慣例的にpleaseを付けません。

- **(Please) 動詞の原形**
  ～しなさい（してください）

英会話力をぐんぐん伸ばす **21〜40**

例文を**Check!**

Please call me Bob.
ボブと呼んでください。

Please open the window.
窓を開けてください。

Please come and see me this weekend.
今週末、遊びに来てください。

Please keep it a secret.
秘密にしておいてください。

Please tell me more about it.
もっと教えてください。

Have a seat, please.
お座りください。

Sign here.
ここにサインをお願いします。

Turn to the left at the second corner.
2番目の角を左に曲がってください。

Bring yourself.
手ぶらで来てください。

Be quiet.
静かにしなさい。

パターン練習　動詞の原形 .

気をつけて。

足下に注意して。

急いで。

ごゆっくり。

(許可を求められて) どうぞ。

頑張って。

お大事になさって。

楽しい旅行を。

ほうっておいて。

元気を出して。

～して

Watch out!

Watch your step!

Hurry up!

Take your time.

Go ahead.

Hang in there!

Take care of yourself.

Have a nice trip.

Leave me alone.

Cheer up!

37

心配しないで
Don't worry.

　Don't ~. で「~してはいけない」という否定の命令文です。普通の命令文と同様に、文頭か文末に**please**を付ければ丁寧な表現になります。Don'tの代わりに**Never**を使うと否定の強調になりますが、この表現は**Never give up.**（決して諦めないで）や**Never say "die."**（弱音を吐くな）のような慣用的な場合にのみ使います。例えば、「緊張しないで」なら**Don't be nervous.**ですが、これをNever be nervous.とすることはできません。

- **Don't ＋ 動詞の原形**
  ~してはいけません

例文をCheck!

Don't tell a lie.
嘘は言わないで。

Don't tell anybody.
誰にも言わないで。

Please don't tell it to her.
彼女には言わないでください。

Don't say such a thing.
そんなことは言わないで。

Don't give up so soon.
そんなにすぐ諦めないで。

Don't touch me.
私に触らないで。

Don't make me scared.
怖がらせないで。

Don't get so excited.
そんなに興奮しないで。

Please don't smoke here.
ここではタバコは吸わないでください。

Don't email me in the middle of the night.
真夜中にメールしないで。

パターン練習　Don't be ~ .

怖がらないで。

恥ずかしがらないで。

そんなに緊張しないで。

そんなに深刻にならないで。

そんなに怒らないで。

バカなことはしないで。

そんなにマイナス思考にならないで。

うるさくしないで。

わがまま言わないで。

そんなに自分を責めないで。

～しないで

Don't be afraid.

Don't be shy.

Don't be so nervous.

Don't be so serious.

Don't be so angry.

Don't be silly.

Don't be so negative.

Don't be noisy.

Don't be selfish.

Don't be so hard on yourself.

38

行きましょう
Let's go.

Let's 〜 . で、「〜しましょう」と相手を誘う表現です。Let's は Let us 〜 . (私たちに〜させてください) というのが原義ですから、Let's go with us. などとは言いません。「〜するのはやめましょう」なら Let's not 〜 . です。

また、誘われて、それに同意するのであれば、**Sure.** (いいですよ)、**That sounds great.** (それはいいですね)、**That's a good idea.** (それはいい考えですね) などと応じ、同意しないのであれば、**No, I don't want to.** (いや、したくない)、**I'd rather not.** (したくないです) などと応じます。

- **Let's ＋動詞の原形**
  〜しましょう

- **Let's ＋ not ＋動詞の原形**
  〜するのはやめましょう

例文を**Check!**

Let's go shopping in Harajuku.
原宿に買い物に行きましょう。

Let's sing a song.
歌を歌いましょう。

Let's be positive.
プラス思考で行きましょう。

Let's enjoy English.
英語を楽しみましょう。

Let's go to the ball park.
野球場に行きましょう。

Let's take a picture here.
ここで写真を撮りましょう。

Let's not study English.
英語の勉強はやめましょう。

Let's not go out in the rain.
雨の中を外出するのはやめましょう。

Let's not drink and drive.
飲酒運転はやめましょう。

Let's not drink too much.
飲み過ぎるのはやめましょう。

パターン練習 Let's ~ .

ハイキングに行こう。

キャッチボールをしよう。

映画を観に行こう。

テレビを観よう。

富士山に登ろう。

ドライブに行こう。

出発しよう。

カラオケに行こう。

音楽を聴こう。

タクシーに乗ろう。

～しよう

Let's go on a hike.

Let's play catch.

Let's go to the movies

Let's watch TV.

Let's climb Mt. Fuji.

Let's go for a drive.

Let's start.

Let's go to karaoke.

Let's listen to music.

Let's take a taxi.

39

いい天気ですね
It's a lovely day, isn't it?

　「いい天気ですね」のように、相手に同意を求めたり、軽く念を押したりする時の表現を英語では付加疑問文と言い、日常会話で頻繁に使われる表現の一つです。先行する文が肯定文の時（**It's a lovely day**）は、「コンマ＋否定の疑問文（短縮形で）」（**, isn't it**）の形を続け、最後に**?**を付けます。念を押す場合は文末のイントネーションは下げますが、同意を求める時はイントネーションを上げて発音します。

- **S＋be動詞, isn't/aren't＋S?**
  Sは〜ですよね
- **S＋be動詞, wasn't/weren't＋S?**
  Sは〜でしたよね
- **S＋一般動詞, don't/doesn't＋S?**
  Sは〜ですよね
- **S＋一般動詞, didn't＋S?**
  Sは〜でしたよね

例文を**Check!**

You are hungry, aren't you?
お腹すいているよね。

Kenji is cool, isn't he?
ケンジは格好いいよね。

You look tired, don't you?
疲れているようだね。

Kenji likes beer, doesn't he?
ケンジはビールが好きよね。

This is your first visit to Japan, isn't it?
日本に来るのは今回が初めてですよね。

It was rainy yesterday, wasn't it?
昨日は雨でしたよね。

Seiko called you last night, didn't she?
セイコは昨夜君に電話したよね。

Yesterday you went to the concert, didn't you?
昨日、コンサートに行ったよね。

You have been to Hawaii before, haven't you?
以前にハワイに行ったことがありますよね。

Keiko has seen that movie, hasn't she?
ケイコはその映画を観たことがあるよね。

パターン練習 ① It's ~ , isn't it?

寒いですね。

暑いですね。

蒸しますね。

涼しいですね。

暖かいですね。

パターン練習 ② You are ~ , aren't you?

お腹が空いていますよね。

のどが渇いていますよね。

疲れていますよね。

眠いですよね。

忙しいですよね。

～ですね

It's cold, isn't it?

It's hot, isn't it?

It's humid, isn't it?

It's cool, isn't it?

It's warm, isn't it?

(あなたは) ～ですよね

You are hungry, aren't you?

You are thirsty, aren't you?

You are tired, aren't you?

You are sleepy, aren't you?

You are busy, aren't you?

40

タバコ吸わないよね
You don't smoke, do you?

　付加疑問文の2つ目は、先行する文が否定文の場合です。つまり、「～ではないですよね？」とか「～ではないの？」という意味の文で、「コンマ＋肯定の疑問文」の形を続けます。答える場合、yesとnoの使い分けに注意する必要があります。つまり、「タバコ吸わないよね？」と聞かれて、実際に吸っていなければ No, I don't.（うん、吸わないよ）ですが、吸っている場合には Yes, I do.（いや、吸うよ）のように答えます。

- ●否定文, is/are ＋ S?
  Sは～ではないですよね
- ●否定文, was/were ＋ S?
  Sは～ではなかったですよね
- ●否定文, do/does ＋ S?
  Sは～しないですよね
- ●否定文, did ＋ S?
  Sは～しなかったですよね

例文をCheck! ✓

You don't like carrots, do you?
ニンジンは好きじゃないですよね。

Your father doesn't smoke, does he?
お父さんはタバコは吸わないですよね。

They have no snow in Hawaii, do they?
ハワイでは雪は降らないですよね。

It isn't so cold in your country, is it?
あなたの国ではこんなに寒くないですよね。

You're not good at swimming, are you?
泳ぎは得意じゃないですよね。

You weren't born in Japan, were you?
日本で生まれたのではないのですよね。

Your brother didn't go to college, did he?
君のお兄さんは大学に行ってないよね。

You have never been to America, have you?
アメリカに行ったこと一度もないよね。

We haven't met (each other), have we?
僕たち会ったことないよね。

It hasn't rained for two weeks, has it?
2週間、雨が降ってないよね。

パターン練習 ① You don't ~ , do you?

車の運転をしませんよね。

お酒を飲みませんよね。

タバコを吸いませんよね。

コーヒーを飲みませんよね。

肉を食べませんよね。

パターン練習 ② He doesn't ~ , does he?

彼は車の運転をしませんよね。

彼はお酒を飲みませんよね。

彼はタバコを吸いませんよね。

彼はコーヒーを飲みませんよね。

彼は肉を食べませんよね。

(あなたは) ～しませんよね

You don't drive, do you?

You don't drink, do you?

You don't smoke, do you?

You don't drink coffee, do you?

You don't eat meat, do you?

彼は～しませんよね

He doesn't drive, does he?

He doesn't drink, does he?

He doesn't smoke, does he?

He doesn't drink coffee, does he?

He doesn't eat meat, does he?

表現の幅を
もっと広げる
41~55

苦手とする人が多い不定詞・動名詞・分詞を使った文にも取り組みます。状況や自分の考えをより正確に伝えられるようになります。

41

空はなんてきれいなんでしょう
How beautiful the sky is!

　「なんて〜なんでしょう」という感嘆の気持ちを表す文を「感嘆文」と言います。上の文は、**The sky is very beautiful.**（空はとてもきれいです）に、さらに感情を込めた文と考えてください。**very**の部分を**how**に変え、それを文頭に出して、最後に感嘆符（!）を付ければ感嘆文の完成です。

　How＋形容詞（副詞）の後の主語＋動詞は、状況から判断して明らかな場合は省略しても構いません。

●How＋形容詞/副詞＋S＋V！
Sはなんて〜でしょう

例文をCheck!

How kind he is!
彼はなんて優しいの。

How handsome he is!
彼はなんてハンサムなの。

How big your room is!
あなたの部屋はなんて広いの。

How tall that basketball player is!
あのバスケットボールの選手はなんて背が高いの。

How fast he runs!
彼はなんて走るのが速いの。

How delicious this cake is!
このケーキはなんておいしいの。

How amusing this roller coaster is!
このジェットコースターはなんて楽しいの。

How funny his joke is!
彼のジョークはなんておかしいの。

How boring his lecture is!
彼の講義はなんて退屈なの。

How exciting this novel is!
この小説はなんてハラハラさせるの。

パターン練習 How ~ … is/are!

そのジョークはなんてつまらないの。

その部屋はなんて汚いの。

その部屋はなんて狭いの。

そのジャケットはなんて格好いいの。

あなたはなんて気前がいいの。

この肉はなんてかたいの。

この肉はなんて軟らかいの。

この問題はなんて難しいの。

あなたの猫はなんて可愛いの。

このカレーはなんて辛いの。

…はなんて〜なの

How dull the joke is!

How messy the room is!

How small the room is!

How cool the jacket is!

How generous you are!

How tough this meat is!

How tender this meat is!

How difficult this problem is!

How pretty your cat is!

How hot this curry is!

42

なんて寒い日なんでしょう
What a cold day it is!

whatで始まる感嘆文です。**What a cold day it is!** は、**It is a very cold day.**（今日はとても寒い日です）にさらに感情を込めた文と考えてください。**a very**を**what a**に変え、それを文頭に出して、最後に感嘆符（!）を付ければ感嘆文の完成です。複数形の名詞を強調する場合は、whatの直後に複数形の名詞を来ます。また、**What a pity!**（なんて残念）のように使うこともできます。

- **What（a/an）+形容詞+名詞+S+V!**
  Sはなんて〜でしょう

- **What（a/an）+名詞!**
  なんて〜でしょう

例文をCheck!

What a big house he lives in!
彼はなんて大きな家に住んでいるの。

What a pretty cat you have!
なんて可愛いネコを飼っているの。

What a small world it is!
なんて狭い世界なの。

What an old bike he is riding!
彼はなんて古い自転車に乗っているの。

What an expensive car she has!
彼女はなんて高い自動車を持っているの。

What a difficult language Chinese is!
中国語はなんて難しい言葉なの。

What an interesting subject history is!
歴史はなんて面白い科目なの。

What noisy students they are!
彼らはなんてやかましい生徒たちなの。

What intelligent dogs they are!
なんて知能の高い犬たちなの。

What high mountains they are!
なんて高い山なの。

パターン練習: What a ～ !

なんて散らかっているの。

なんて残念。

よかった。(ホッとして)

なんてびっくり。

なんてムダなの。

なんて偶然なの。

なんて神経なの。

なんて面倒なの。

なんてがっかり。

なんて嵐なの。

表現の幅をもっと広げる 41〜55

なんて〜なの

What a mess!

What a shame!

What a relief!

What a surprise!

What a waste!

What a coincidence!

What a nerve!

What a pain!

What a disappointment!

What a storm!

43

スパゲティーが食べたい
I want to eat spaghetti.

want to ～は、「～したい」という直接的な願望を表す時に使う表現です。使う相手は、親しい人や目下の人だけに限ります。あらたまった場面であれば、I would like to ～.やその短縮形のI'd like to ～.を使ってください。また、Do you want to ～?は「～したい?」の意味から、「～しない?」という勧誘を表します。これも、あらたまった場面ならWould you like to ～? (～しませんか) にします。

> ● I want to ＋動詞の原形
>   ～したいです
>
> ● I'd like to ＋動詞の原形
>   ～したいのですが

例文をCheck!

I want to borrow this book.
この本を借りたい。

I want to buy a new cell phone.
新しいケータイを買いたい。

I want to have a dog.
犬を飼いたい。

I don't want to be called "fat."
「デブ」と呼ばれたくない。

Do you want to come with me?
一緒に来ない?

What do you want to eat for breakfast?
朝食に何が食べたい?

She wants to be an actress.
彼女は女優になりたがっている。

I'd like to make a reservation.
予約をしたいのですが。

Would you like to come with me?
私と一緒に来ませんか。

What would you like to drink?
お飲み物は何がいいですか。

パターン練習 ① I want to eat ~ for lunch.

お昼はカレーライスが食べたい。

お昼はステーキが食べたい。

お昼はハンバーガーが食べたい。

お昼はハンバーグが食べたい。

お昼は焼き魚が食べたい。

パターン練習 ② I'd like to eat ~ for dinner.

夕食にトンカツが食べたいです。

夕食にビーフシチューが食べたいです。

夕食に春巻が食べたいです。

夕食に焼きそばが食べたいです。

夕食にチャーハンが食べたいです。

表現の幅をもっと広げる **41〜55**

お昼は〜が食べたい

I want to eat curry and rice for lunch.

I want to eat a steak for lunch.

I want to eat a hamburger for lunch.

I want to eat a hamburger steak for lunch.

I want to eat a grilled fish for lunch.

夕食に〜が食べたいです

I'd like to eat a pork cutlet for dinner.

I'd like to eat beef stew for dinner.

I'd like to eat spring rolls for dinner.

I'd like to eat fried noodles for dinner.

I'd like to eat fried rice for dinner.

44

彼はお酒を飲むのが好きです
He likes drinking.

　動詞にingを付けて、「〜すること」という意味を持たせるものを動名詞と呼びます。例えば、「彼の趣味が切手収集」であることを伝えるなら、**Collecting stamps is his hobby.** とか **His hobby is collecting stamps.** などと言ったりしますが、ここでは、動詞の目的語（例：I hate 〜 ing.［〜するのが嫌です］）や、前置詞の目的語（例：I'm thinking of 〜 ing.［〜しようと思っている］）としての動名詞の用法を取り上げます。

> ● **S ＋ like(s) ＋動詞のing形**
> Sは〜するのが好きです

表現の幅をもっと広げる **41〜55**

例文を**Check!** ✓

I like reading.
読書が好きです。

You should stop smoking.
タバコをやめるべきです。

I have finished doing my homework.
宿題を終わらせました。

They enjoyed singing karaoke.
彼らはカラオケを楽しんだ。

I hate walking in the rain.
雨の中を歩くのが嫌です。

Would you mind opening the window?
窓を開けていただけますか。

Please refrain from smoking.
喫煙はご遠慮ください。

I'm thinking of going to Hawaii.
ハワイに行こうかなと思っている。

He is good at speaking Chinese.
彼は中国語を話すのが得意です。

I'm looking forward to seeing you again.
また会えることを楽しみにしています。

パターン練習 ① I hate ~ ing.

残業するのは嫌です。

満員電車で立っているのは嫌です。

暑い日にネクタイを着けるのは嫌です。

タマネギを切るのは嫌です。

ピーマンを食べるのは嫌です。

居残りをするのは嫌です。

階段の上り下りは嫌です。

塾に行くのは嫌です。

人前でしゃべるのは嫌です。

歯医者に行くのは嫌です。

〜するのは嫌です

I hate working overtime.

I hate standing on crowded trains.

I hate wearing a tie on a hot day.

I hate chopping onions.

I hate eating green peppers.

I hate staying behind after school.

I hate walking up and down the stairs.

I hate going to a cram school.

I hate speaking in public.

I hate going to the dentist.

パターン練習 ② I'm thinking of ~ ing.

結婚しようかなと思っています。

留学しようかなと思っています。

アルバイトしようかなと思っています。

転職しようかなと思っています。

禁煙をしようかなと思っています。

髪を切ろうかなと思っています。

アパートを借りようかなと思っています。

大阪に引っ越そうかなと思っています。

別荘を買おうかなと思っています。

マンションを買おうかなと思っています。

～しようかなと思っています

I'm thinking of getting married.

I'm thinking of studying abroad.

I'm thinking of working part-time.

I'm thinking of changing jobs.

I'm thinking of stopping smoking.

I'm thinking of getting a haircut.

I'm thinking of renting an apartment.

I'm thinking of moving to Osaka.

I'm thinking of buying a second house.

I'm thinking of buying a condominium.

45

この近くに銀行があります
There is a bank near here.

　There is ～. は、漠然とした人や物の存在を表す表現です。単数の場合は **There is a（an）～.**、複数ある場合は **There are ～.** の形をとります。疑問文は **Is there a（an）～?**、**Are there any ～?** になります。また、相手の目の前に差し出して、「ほら～ですよ」と言いたい時は、**Here's your ticket.**（はい、チケットですよ）と言います。Here's your tickets.のように、主語が複数の時も会話ではHere areではなくHere's ～.で表します。

- **There is a(n) ～.**
  ～があります（います）
- **Is there a(n) ～?**
  ～がありますか（いますか）
- **Are there any ～（複数形の名詞）?**
  ～がありますか（いますか）

表現の幅をもっと広げる **41〜55**

例文を**Check!** ✓

There is a cat on the fence.
塀に猫が1匹いる。

There are two cats on the fence.
塀に猫が2匹いる。

There is an apple in the basket.
カゴにリンゴが1個ある。

There are some apples in the basket.
カゴにリンゴがいくつかある。

There was a big earthquake last night.
夕べ大きな地震がありました。

There was a car accident this morning.
今朝、自動車事故がありました。

Is there a flower shop near here?
この近くに花屋さんはありますか。

Are there any bars around here?
この辺に飲み屋はありますか。

Here's your keys.
はい、鍵をどうぞ。

Here's your coffee.
はい、コーヒーをどうぞ。

パターン練習: Are there any ～ near here?

この近くに自動販売機はありますか。

この近くに床屋はありますか。

この近くに交番はありますか。

この近くに食料品店はありますか。

この近くに公衆電話はありますか。

この近くに花屋はありますか。

この近くに喫茶店はありますか。

この近くにレストランはありますか。

この近くに自転車屋はありますか。

この近くに駐車場はありますか。

この近くに〜はありますか

Are there any vending machines near here?

Are there any barbershops near here?

Are there any police boxes near here?

Are there any grocery stores near here?

Are there any pay phones near here?

Are there any flower shops near here?

Are there any coffee shops near here?

Are there any restaurants near here?

Are there any bike shops near here?

Are there any parking lots near here?

46

あなたのレポートには間違いがない

There are no mistakes in your report.

　存在を否定する表現、つまり「〜がない」とか「〜がいない」ことを表す場合、数えられる名詞であるならば常に複数扱いにして、**There are no 〜 .** の形で表します。この場合の **no** は **not ＋ any** の形で、**There are not any 〜（複数形の名詞).** としてもかまいません。一方、主語が数えられない名詞（水や空気などの物質名詞）は **There is no 〜 .** の形で表します。数えられない名詞は常に単数扱いにすると覚えておいてください。no の代わりに、**few**（＋数えられる名詞）、**little**（＋数えられない名詞）を使えば、「ほとんど〜がない」という意味になります。

- **There are no ＋複数形の名詞**
  〜がありません

- **There is no ＋数えられない名詞**
  〜がありません

表現の幅をもっと広げる **41〜55**

例文をCheck! ✓

There are no barbershops around here.
この辺には床屋はありません。

There are no vacant lots near my house.
家の近くには空き地はありません。

There are no students in the classroom.
教室には生徒は一人もいません。

There are few mountains in this country.
この国には山がほとんどありません。

There are few earthquakes in this country.
この国には地震がほとんどありません。

There is no furniture in his room.
彼の部屋には家具が一つもありません。

There is nothing in the box.
この箱の中には何も入っていません。

There is no water in the vase.
花瓶には水が入っていません。

There is little wine in the bottle.
ボトルにはワインはほとんどありません。

There is little cheese in the fridge.
冷蔵庫にはチーズはほとんどありません。

パターン練習 ① There is no ～ ….

財布にはお金が全然ない。

ジョッキにはビールが全然ない。

グラスにはワインが全然ない。

部屋には家具が全然ない。

パックには牛乳が全然ない。

パターン練習 ② There are no ～ ….

バスには乗客が一人もいない。

通りには通行人が一人もいない。

体育館には生徒は一人もいない。

お店には客が一人もいない。

冷蔵庫には卵が一つもない。

…には〜が全然ない

There is no money in the purse.

There is no beer in the mug.

There is no wine in the glass.

There is no furniture in the room.

There is no milk in the carton.

…には〜が全然ない

There are no passengers on the bus.

There are no pedestrians on the street.

There are no students in the gym.

There are no customers in the shop.

There are no eggs in the fridge.

47

ベンチに座っている少年を見て

Look at the boy sitting on the bench.

　現在分詞（〜ing形）が形容詞として、ある名詞を修飾する場合、冠詞を除いて2語以上の場合はその名詞の後に置きます。例えば、単に「泳いでいるペンギン」なら **a swimming penguin** ですが、「プールで泳いでいるペンギン」なら **a penguin swimming in the pool** のようになります。同様に、過去分詞が形容詞としてある名詞を修飾する場合、冠詞を除いて2語以上の場合はその名詞の後に置きます。例えば、「割れた窓」なら **a broken window** ですが、「トムが割った窓」なら **a window broken by Tom** になります。

- ●名詞＋〜 ing …
  〜している<u>名詞</u>

- ●名詞＋過去分詞 …
  〜された<u>名詞</u>

例文をCheck! ✓

The girl playing the guitar is my daughter.
ギターを弾いている少女は私の娘です。

Do you know the man wearing a hat?
帽子をかぶっている男性を知っていますか。

Who is the girl singing karaoke?
カラオケをしている少女は誰ですか。

Look at the girl dancing on the stage.
ステージで踊っている少女を見てください。

The cat sleeping on the roof is Tama.
屋根で眠っている猫はタマです。

This is a picture taken in Paris.
これはパリで撮った写真です。

This is a picture painted by Picasso.
これはピカソが描いた絵です。

The language spoken here is French.
ここで話されている言葉はフランス語です。

Look at the mountain covered with snow.
雪で覆われた山を見てください。

This is one of the books written by him.
これは彼が書いた本の一冊です。

パターン練習 ① Look at the cat ~ ing.

テレビを観ている猫を見て。

ベンチで眠っている猫を見て。

魚を食べている猫を見て。

めがねを掛けている猫を見て。

木に登っている猫を見て。

パターン練習 ② The man ~ ing is my father.

自転車を修理している男性は父です。

スピーチをしている男性は父です。

ビールを飲んでいる男性は父です。

スパゲッティーを食べている男性は父です。

犬の散歩をしている男性は父です。

～している猫を見て

Look at the cat watching television.

Look at the cat sleeping on the bench.

Look at the cat eating a fish.

Look at the cat wearing eyeglasses.

Look at the cat climbing the tree.

～している男性は父です

The man repairing the bike is my father.

The man making a speech is my father.

The man drinking a beer is my father.

The man eating spaghetti is my father.

The man walking the dog is my father.

パターン練習 3 What is the language spoken in ~ ?

オーストラリアで話されている言葉は何ですか。

メキシコで話されている言葉は何ですか。

ブラジルで話されている言葉は何ですか。

オランダで話されている言葉は何ですか。

カナダで話されている言葉は何ですか。

パターン練習 4 This is a ~ made in ….

これはスイス製の時計です。

これはイギリス製の背広です。

これはフランス製の車です。

これは台湾製のMDです。

これはロシア製の人形です。

〜で話されている言葉は何ですか

What is the language spoken in Australia?

What is the language spoken in Mexico?

What is the language spoken in Brazil?

What is the language spoken in Holland?

What is the language spoken in Canada?

これは…製の〜です

This is a watch made in Switzerland.

This is a suit made in the U.K.

This is a car made in France.

This is an MD player made in Taiwan.

This is a doll made in Russia.

48

車の運転の仕方が分からない
I don't know how to drive.

　how to ～は「～の仕方」という意味になる便利な表現ですが、howを他の疑問詞で表現することもできます。例えば、**when to ～**なら「いつ～するか」、**where to ～**なら「どこに～するか」、**which to ～**なら「どれを～するか」、**what to ～**なら「何をするか」といったような具合に。これらの表現は主に動詞の目的語として使われます。

●**how to ＋動詞の原形**
　～の仕方

表現の幅をもっと広げる **41〜55**

例文をCheck! ✓

Will you tell me how to get to the station?
駅への行き方を教えてくれますか。

He knows how to behave at school.
彼は学校でのふるまい方を知っている。

Will you tell me when to stop?
いつ止めたらいいか教えてくれますか。

I don't know where to get off.
どこで降りればいいのかわかりません。

I don't know where to change trains.
どこで乗り換えればいいのかわかりません。

I can't decide which dress to wear.
どのドレスを着たらいいのか決められません。

He taught me how to swim.
彼は私に泳ぎ方を教えてくれた。

We didn't know which way to take.
私たちはどっちの道を行ったらいいのかわからなかった。

I asked a police officer what to do.
警官に何をしたらいいか尋ねた。

Tell me where to start today's lesson.
今日の授業はどこから始めたらいいのか教えてください。

パターン練習 1 I don't know how to ～.

問題の解き方がわからない。

その発音の仕方がわからない。

一輪車の乗り方がわからない。

ボリュームの下げ方がわからない。

ボリュームの上げ方がわからない。

パターン練習 2 Tell me how to get to ～.

博物館への行き方を教えて。

警察署への行き方を教えて。

水族館への行き方を教えて。

国立競技場への行き方を教えて。

動物園への行き方を教えて。

～の仕方がわからない

I don't know how to solve the problem.

I don't know how to pronounce it.

I don't know how to ride a monocycle.

I don't know how to turn down the volume.

I don't know how to turn up the volume.

～への行き方を教えて

Tell me how to get to the museum?

Tell me how to get to the police station?

Tell me how to get to the aquarium?

Tell me how to get to the National Stadium?

Tell me how to get to the zoo?

49

田舎をドライブするのは楽しいです
It is fun to drive in the country.

　to不定詞（＝to＋動詞の原形）の形を使って、「～すること」を表すことができます。例えば、「田舎をドライブすることは楽しい」は、To drive in the country is fun. となりますが、この場合、It is fun to drive in the country. のように、仮主語のitを文頭に置く表現が普通です。英語では「主語はできるだけ短めに」という原則があるからです。It is ～ to …. (…するのは～です) の形で覚えてください。初めて会った時の挨拶の決まり文句のNice to meet you. は、It's nice to meet you. の省略形です。

●**It is ～ to ＋動詞の原形**
　…するのは～です

例文を Check!

It is easy to go there.
そこに行くのは簡単です。

It is not easy to answer the question.
その質問に答えるのは簡単ではありません。

Is it difficult to find this butterfly?
この蝶々を見つけるのは難しいですか。

It is great fun to walk in the wood.
森を散歩するのはとっても楽しい。

It is a good idea to go on a diet.
ダイエットするのは良い考えです。

It is refreshing to get a massage.
マッサージしてもらうのは気持ちが良い。

It is important to study English every day.
毎日英語を勉強することが大切です。

It is impossible to solve the problem.
その問題を解決するのは不可能です。

Is it necessary to tell you my address?
あなたに私の住所を教えることは必要ですか。

It is stupid to go out in such terrible weather.
そんなひどい天気の中を外出するのは馬鹿げている。

パターン練習 1: It's fun to ~ .

トランプするのは楽しい。

ボーリングするのは楽しい。

カラオケするのは楽しい。

乗馬をするのは楽しい。

焼き肉パーティーするのは楽しい。

パターン練習 2: It's not good to ~ .

間食するのはよくない。

食べ過ぎるのはよくない。

飲み過ぎるのはよくない。

夜更かしはよくない。

夜の一人歩きはよくない。

～するのは楽しい

It's fun to play cards.

It's fun to play bowls.

It's fun to sing karaoke.

It's fun to ride a horse.

It's fun to have a barbecue party.

～するのはよくない

It's not good to eat between meals.

It's not good to eat too much.

It's not good to drink too much.

It's not good to sit up late.

It's not good to walk alone at night.

50

そのネクタイはあなたに似合っています

That tie looks good on you.

　be動詞は左右の語句をイコールで結ぶ働きをしますが、このbe動詞と同じような働きをする動詞に、**look**（〜のように見える）があります。〜の部分には形容詞が来ます。名詞が来る場合には、**look like 〜**のように、**like**が続きます。

> ● **S ＋ look(s) ＋形容詞**
>   Sは〜のように見えます
>
> ● **S ＋ look(s) like ＋名詞**
>   Sは〜のように見えます

例文をCheck! ✓

You look pale. What's the matter?
顔色が悪いですね。どうしたのですか。

You look much better today.
今日はとても元気そうですね。

You look great in that suit.
そのスーツは君に似合ってるよ。

He looks young for his age.
彼は年の割に若く見える。

This cake looks delicious.
このケーキ美味しそう。

How nice you look in this dress!
このドレスとっても似合うわ。

How do I look?
服装はこれでどうですか。

It looks like rain.
雨が降りそうです。

His house looks like a church.
彼の家は教会のように見える。

What does your new car look like?
あなたの新車はどんな形をしていますか。

パターン練習 1 — You look ~ .

うれしそうですね。

悲しそうですね。

疲れているようですね。

怒っているようですね。

眠そうですね。

パターン練習 2 — That ~ looks good on you.

そのネックレスお似合いですね。

そのセーターお似合いですね。

そのシャツお似合いですね。

そのネクタイお似合いですね。

そのヘアスタイルお似合いですね。

～のようですね

You look happy.

You look sad.

You look tired.

You look angry.

You look sleepy.

その～お似合いですね

That necklace looks good on you.

That sweater looks good on you.

That shirt looks good on you.

That tie looks good on you.

That hairstyle looks good on you.

51

昨日川へ泳ぎに行きました

I went swimming in the river yesterday.

　動詞 go は実に様々な使われ方をします。基本的には、今いる場所を去ってある場所に「行く」ことを表しますが、場所だけでなく、状態の変化を表すこともできます。パターン練習では、**go ~ing**「〜しに行く」という便利な言い方を覚えましょう。

- **go ~ing**
  〜しに行く

例文をCheck!

I'm afraid I must be going now.
そろそろおいとましなくては。

Does this bus go to Omiya?
このバスは大宮まで行きますか。

We're going for a drive this weekend.
今週末はドライブに行きます。

Ready, set, go!
位置について、用意ドン。

Everything is going well with the plan.
その計画はうまくいっている。

How are things going?
ご機嫌いかがですか。

How is it going with her?
彼女とはうまくいっていますか。

The milk went sour.
牛乳は酸っぱくなった。

He is going bald.
彼は頭がはげてきている。

A chick goes "cheep."
ヒヨコは「ピヨピヨ」と鳴きます。

パターン練習: Let's go ~ ing.

スケートに行こう。

スキーに行こう。

キャンプに行こう。

観光に行こう。

ジョギングに行こう。

踊りに行こう。

釣りに行こう。

山登りに行こう。

ハイキングに行こう。

ボーリングに行こう。

～（をし）に行こう

Let's go skating.

Let's go skiing.

Let's go camping.

Let's go sightseeing.

Let's go jogging.

Let's go dancing.

Let's go fishing.

Let's go mountaineering.

Let's go hiking.

Let's go bowling.

52

冷蔵庫からチーズを持ってきてください
Please bring me some cheese from the fridge?

Bring me some cheese.(チーズを持ってきて)のように、目的語を2つ取る動詞があります。これはBring some cheese for/to me.のように、順序を入れ替えることができますが、動詞によって前置詞が異なります。give(あげる)、lend(貸す)、pass(渡す)、show(見せる)、tell(教える、話す)、teach(教える)、write(書く)など、大部分の動詞は前置詞toを、buy(買う)、make(作る)、get(取ってくる)、cook(料理する)などの動詞は前置詞forを使います。また、bring(持ってくる)のように、toとforの両方を取るものもあります。

- **Bring me 〜.**
  〜を持ってきてください

- **Bring 〜 for/to me.**
  〜を持ってきてください

例文をCheck!

Please pass me the newspaper.
新聞をとってください。

Please lend me some money.
お金を貸してください。

Please send me an e-mail.
メールを送ってください。

Please make me some sandwiches.
サンドイッチを作ってください。

Please buy me an ice-cream.
アイスクリームをおごってください。

Please give me a call.
電話をください。

Please teach me English.
英語を教えてください。

Please show me your cell phone.
あなたの携帯電話を見せてください。

Please tell your e-mail address to me.
メールアドレスを教えてください。

Please cook ham and eggs for me.
ハムエッグを作ってください。

パターン練習 ① Please pass me the ~ .

皿をとってください。

塩をとってください。

胡椒をとってください。

醤油をとってください。

サラダをとってください。

パターン練習 ② Bring me some ~ from the fridge.

冷蔵庫からビールを持ってきて。

冷蔵庫から卵を持ってきて。

冷蔵庫からケチャップを持ってきて。

冷蔵庫からからしを持ってきて。

冷蔵庫から氷を持ってきて。

～をとってください

Please pass me the plate.

Please pass me the salt.

Please pass me the pepper.

Please pass me the soy sauce.

Please pass me the salad.

冷蔵庫から～を持ってきて

Bring me some beer from the fridge.

Bring me some eggs from the fridge.

Bring me some ketchup from the fridge.

Bring me some mustard from the fridge.

Bring me some ice from the fridge.

53

彼はいい人だと思います

I think he's a nice guy.

　「〜だと思います」と自分の意見を伝えたいときには、I think (that) 〜.の他に、特に根拠はないけれど何となく思うという意味で I guess (that) 〜.も会話でよく使われます。また、同じように使われる I believe (that) 〜.は I think 〜.よりも意味が強くなります。「〜であることを望んでいます」を表す I hope (that) 〜.はよいことのみに、I expect (that) 〜.はよい事にも悪い事にも使われるという違いがあります。

- **I think (that) 〜 .**
  〜だと思います

例文をCheck!

I think it's expensive.
それは高いと思います。

I don't think he will come.
彼は来ないと思います。

Do you think he will come to the party?
彼はパーティーに来ると思いますか。

Do you think it will be rainy tomorrow?
明日は雨になると思いますか。

I guess he is over 50.
彼は50歳を超えていると思います。

This is for you. I hope you like it.
これをどうぞ。気に入ってもらえるといいのですが。

I hope it will be sunny tomorrow.
明日は晴れるといいですね。

I believe he is right.
彼は正しいと信じています。

I expect the bus will come on time.
バスは時間通りに来ると思います。

I expect he won't come to the party.
彼はパーティーに来ないと思います。

パターン練習: I think it will be ~ tomorrow.

明日は雨だと思います。

明日は曇りだと思います。

明日は雪だと思います。

明日は風が強いと思います。

明日は荒れ模様だと思います。

明日は霧が濃いと思います。

明日は暖かくなると思います。

明日は寒くなると思います。

明日は涼しくなると思います。

明日は暑くなると思います。

明日（の天気や気温）は〜だと思います

I think it will be rainy tomorrow.

I think it will be cloudy tomorrow.

I think it will be snowy tomorrow.

I think it will be windy tomorrow.

I think it will be stormy tomorrow.

I think it will be foggy tomorrow.

I think it will be warm tomorrow.

I think it will be cold tomorrow.

I think it will be cool tomorrow.

I think it will be hot tomorrow.

54

彼はきっと来るでしょう
I'm sure he will come.

　I'm sure (that) ～ .（きっと～でしょう）という、主観的な判断に基づく確信を表す表現です。同じような形をとる表現として、**I'm sorry (that) ～ .**（～ですみません）、**I'm afraid (that) ～ .**（～ではないかと思います）、**I'm glad (that) ～ .**（～なのがうれしい）、**I'm proud (that) ～ .**（～なのを誇りに思う）、**I'm ashamed (that) ～ .**（～なのが恥ずかしい）なども覚えましょう。

●I'm sure ～ .
きっと～でしょう

例文をCheck!

I'm sure he will pass the exam.
きっと彼は試験に受かるでしょう。

Are you sure he will pass the exam?
彼はきっと試験に受かると思いますか。

I'm sorry I am late.
遅れてすみません。

I'm sorry I have kept you waiting.
お待たせしてすみません。

I'm sorry I can't come.
行けなくて残念です。

I'm sorry I don't think so.
残念ですがそうは思いません。

I'm afraid he will fail the exam.
彼は試験に落ちるのではないかと思います。

I'm glad you could come.
来てくれて嬉しいです。

I'm proud he passed the exam.
彼が試験に受かったことを誇りに思います。

I'm ashamed I cheated on the exam.
カンニングしたことを恥ずかしく思っています。

パターン練習 ① I'm afraid ~ .

会議に遅れるのではないか。

最終電車に乗り遅れるのではないか。

午後は雨が降るのではないか。

彼は来ないのではないか。

彼らは離婚するのではないか。

パターン練習 ② I'm sure he will ~ .

きっと彼は金メダルを獲るでしょう。

きっと彼は宝くじに当たるでしょう。

きっと彼はレースで1位になるでしょう。

きっと彼は試合に負けるでしょう。

きっと彼はクビになるでしょう。

表現の幅をもっと広げる 41〜55

〜なのではないか

I'm afraid I'll be late for the meeting.

I'm afraid I'll miss the last train.

I'm afraid it will rain this afternoon.

I'm afraid he won't come.

I'm afraid they will get divorced.

きっと彼は〜でしょう

I'm sure he will win the gold medal.

I'm sure he will win a lottery.

I'm sure he will get first place in the race.

I'm sure he will lose the game.

I'm sure he will be fired.

55

もし明日雨なら家にいます
If it rains tomorrow, I'll stay at home.

If ~ , …. (もし~なら、…する) の文型では、If ~の内容がたとえ未来の意味であっても常に現在形で表すことに注意しましょう。つまり、単に「明日は雨でしょう」なら、It will rain tomorrow. ですが、「もし明日雨なら」だったら、If it will rain tomorrow, ではなく **If it rains tomorrow,** となります。その他、when ~（~する時）、after ~（~してから）、before ~（~する前に）、as soon as ~（~するとすぐに）なども同じように扱います。

- **If ~ , ….**
  もし~なら、…します

- **When ~ , ….**
  ~する時、…します

表現の幅をもっと広げる **41〜55**

例文をCheck! ✓

Let's have dinner if you have time.
もし時間があれば食事を一緒にしましょう。

If it's sunny tomorrow, we'll go hiking.
もし明日晴れたらハイキングに行きます。

If I am late, I will call you.
もし遅れたら電話します。

I'll be glad if you come.
もし来てくれたら嬉しいです。

If you come to Japan, please let me know.
もし日本へ来ることがあったら知らせてください。

You can eat it if you like.
もしよかったら食べてもいいですよ。

When he comes, we will start the dinner.
彼が来たら食事にしましょう。

I wanted to be a pilot when I was a child.
子どもの頃はパイロットになりたかった。

How old were you when you got married?
あなたが結婚した時は何歳でしたか。

I'll clean my room before he comes.
彼が来る前に部屋の掃除をします。

パターン練習 ① You can ~ if you like.

もしよかったら私のコンピュータを使ってもいいですよ。

もしよかったら家に来てもいいですよ。

もしよかったら持ち帰ってもいいですよ。

もしよかったらここにいてもいいですよ。

もしよかったら一休みしてもいいですよ。

パターン練習 ② I wanted to be a ~ when I was a child.

子どもの頃は弁護士になりたかった。

子どもの頃は歌手になりたかった。

子どもの頃はピアニストになりたかった。

子どもの頃は医者になりたかった。

子どもの頃は看護師になりたかった。

もしよかったら〜してもいいですよ

You can use my computer if you like.

You can come to my place if you like.

You can take it home if you like.

You can stay here if you like.

You can take a break if you like.

子どもの頃は〜になりたかった

I wanted to be a lawyer when I was a child.

I wanted to be a singer when I was a child.

I wanted to be a pianist when I was a child.

I wanted to be a doctor when I was a child.

I wanted to be a nurse when I was a child.

●不規則動詞活用表

原形	過去形	過去分詞形
●A－B－B型		
bring（持ってくる）	brought	brought
build（建てる）	built	built
catch（つかむ）	caught	caught
feel（感じる）	felt	felt
find（見つける）	found	found
get（手に入れる）	got	got(gotten)
have（持っている）	had	had
hear（聞こえる）	heard	heard
keep（保つ）	kept	kept
leave（去る）	left	left
lose（失う）	lost	lost
make（作る）	made	made
meet（会う）	met	met
say（言う）	said	said
send（送る）	sent	sent
sit（座る）	sat	sat
sleep（眠る）	slept	slept

原形	過去形	過去分詞形
stand（立つ）	stood	stood
teach（教える）	taught	taught
tell（言う）	told	told
think（思う）	thought	thought
understand（理解する）	understood	understood

●A−B−A型

become（〜になる）	became	become
come（来る）	came	come
run（走る）	ran	run

●A−A−A型

cut（切る）	cut	cut
let（〜させる）	let	let
put（置く）	put	put
set（置く）	set	set
shut（閉める）	shut	shut
read（読む）	read [red]	read [red]

原形	過去形	過去分詞形
●A－B－C型		
begin (始める)	began	begun
break (壊す)	broke	broken
do (する)	did	done
draw (描く)	drew	drawn
drink (飲む)	drank	drunk
eat (食べる)	ate	eaten
fall (落ちる)	fell	fallen
fly (飛ぶ)	flew	flown
give (与える)	gave	given
go (行く)	went	gone
grow (育つ)	grew	grown
know (知っている)	knew	known
ride (乗る)	rode	ridden
rise (昇る)	rose	risen
see (見える)	saw	seen
show (見せる)	showed	shown
sing (歌う)	sang	sung

原形	過去形	過去分詞形
speak（話す）	spoke	spoken
swim（泳ぐ）	swam	swum
take（取る）	took	taken
throw（投げる）	threw	thrown
write（書く）	wrote	written

成美文庫

パターンで話せる 英会話「1秒」レッスン

著　者　清水建二
　　　　しみずけんじ
発行者　深見公子
発行所　成美堂出版
　　　　〒162-8445　東京都新宿区新小川町1-7
　　　　電話(03)5206-8151　FAX(03)5206-8159
印　刷　広研印刷株式会社

©Shimizu Kenji 2008　PRINTED IN JAPAN
ISBN978-4-415-40080-8
落丁・乱丁などの不良本はお取り替えします
定価はカバーに表示してあります

- 本書および本書の付属物を無断で複写、複製(コピー)、引用することは著作権法上での例外を除き禁じられています。また代行業者等の第三者に依頼してスキャンやデジタル化することは、たとえ個人や家庭内の利用であっても一切認められておりません。